KB148615

기획하는 일
만드는 일

TURTLENECK PRESS

▶ 일러두기

▷ 인터뷰어 표기는 장수연 = 장PD, 허항 = 항PD, 강인 = 강PD.
   인터뷰이 표기는 각자의 성(姓)에 PD 혹은 작가를 붙였습니다.

▷ 김보통 작가와 정지인PD의 인터뷰는 강인PD가 초고를 썼습니다.

▷ 모든 표기는 국립국어원의 규칙을 따랐으나 일부 업계 용어는
   통용되는 발음에 따라, 신조어는 입말에 따라 표기했습니다.

▷ 프로그램명이 국립국어원 표기법에 어긋날 경우에도 방영되었던
   명칭에 따라 표기했습니다.

우리가 사랑한 콘텐츠들, PD와 작가에게 묻다

On Air

기획하는 ▶ Planning 일
만드는 ▷ Creating 일

장수연 지음

이런 콘텐츠를 보면 궁금해진다.

세상에 없던 트렌드를 만들고

기존 문법을 깨뜨리고

그 시도를 멋지게
증명하는 콘텐츠들.

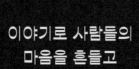

이야기로 사람들의
마음을 흔들고

프레임 바깥에 있던
사람들을 눈앞에 데려오고

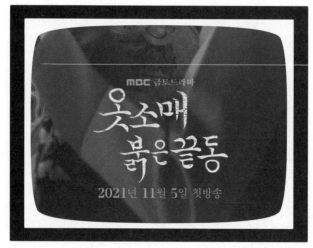

새로운 관점을 보여주는

나의 주변을 관심 어린 눈으로
바라보게 하고

우리의 삶이 소중하고
유한하다는 걸 깨닫게 해주는

누가 만들었을까?
어떻게 기획한 걸까?

만든 사람들에게 직접 물었다.

그 콘텐츠,
어떻게, 만들게 되었나요?

영웅담도 성공담도 아니지만

▷ 장수연PD

　　우리는 소파에 기대 TV로, 침대에 누워 스마트폰으로, 버스
나 지하철 안에서 이어폰을 꽂고, 혼밥을 하는 중에, 그 밖에 일일이 적을
수 없는 온갖 자투리 시간을 이용해 예능과 드라마와 웹콘텐츠를 본다.
대화의 소재로 가장 흔하게 오르내리는 것도 인기 있는 예능이나 드라마
이야기다. 우리의 일상에 깊숙이 들어와 함께 호흡하는 게 대중 콘텐츠
지만, 이를 만드는 사람들의 이야기는 부족해 보였다. 영화감독이나 책
의 저자들이 그렇듯, 이들에게도 자신의 작품과 그것을 만든 시간에 대
해 이야기하는 자리가 있었으면 했다. 그래서 시작한 게 <보면 뭐하니>
라는 팟캐스트이다. 절반은 개인적인 동기였고(이 팟캐스트가 대박날 줄
알았다), 절반은 업무적인 차원이었다(당시 나는 '오디오 전략팀'에 근무
해서 비지상파 콘텐츠의 제작 경험이 업무에 도움이 됐다). 2년간 40여
명의 PD와 작가를 만나 대화를 나눴고, 이 가운데 열 편을 추려 책으로
묶었다.

이것은 영웅담이 아니다. 그저 어떤 시기에, 어떤 콘텐츠를 만들어, 어떤 사람들에게 공감을 받았던 직업인들의 이야기이다. 좋은 직업인과 좋은 인간이 동의어인 것은 아니고, 하물며 좋은 인간이라 해도 모두에게 좋을 수는 없다. PD는 많은 사람에게 많은 말을 하는 자리이고, 상황과 처지에 따라 여러 입장에 처하게 된다. 누군가에게는 좋은 사람이지만, 누군가에게는 말도 못 하게 악독한 리더였을지 모른다. 나도 그럴 것이고, 여기에 등장하는 PD들 역시 마찬가지다. 그러니 이것은 영웅담일 수 없다.

성공담도 아니다. 시청률이나 광고 판매 실적이 성공의 지표라면, 여기 들어갈 프로그램의 목록은 조금 달랐을 것이다. 그러나 시청자와 제작자의 묘한 경계에 있는 나에게, 어떤 성공은 뒷이야기가 궁금하지 않았고 어떤 프로그램은 소소한 성공이었어도 그것을 만든 이들의 생각에 대해, 나아가 그들의 삶에 대해서까지 더 알고 싶게 만들었다. 그 기준이 무엇인지, 왜 누군가는 기를 쓰고 연락처를 수배해 간곡히 만남을 청했는데 누군가에게는 그러지 않았는지 명확히 설명하기는 어렵다. 어쩌면 그저 취향인지도 모른다. 더 성공할수록 더 궁금했던 게 아니라 '이런 성공'이라야 궁금했던 것이니 이것을 일반적인 성공담이라 할 수는 없겠다.

K-콘텐츠의 흥행 비법이 담긴 비기는 더더욱 아니다. OTT를 비롯한 각종 글로벌 플랫폼 덕분에 '천만 영화'보다 '전 세계 1등 콘텐츠'가 흔해진 시대, 'K-'라는 접두어 자체가 위력을 발휘하는 이 놀라운 시대에 과연 'K-제작진'들은 어떻게 콘텐츠를 만드는지 궁금해하는 이들이 많다. 그런 종류의 책은 전문적인 연구자분들이 집필해주실 몫이다. 다만 이 책은 콘텐츠를 만드는 이들이 직접 한 말을 담았다는 가치가 있다. 이들이 토로하는 갖가지 고민과 감정들 사이에 '제작의 비법' 비슷한 것이 숨어 있음을 눈 밝은 독자라면 찾아낼 수 있으리라.

영웅담도, 성공담도, 비법서도 아니라는 걸 누구보다 여기에 등장하는 PD들이 잘 알았다. 오히려 그래서 만남에 응한 분들도 있다. 인터뷰이를 섭외하며 늘 했던 말은 "동료 PD들끼리 편하게 수다 떠는 자리라고 생각하시면 돼요. 다른 회사 PD를 만나서 얘기 나눌 일, 거의 없잖아요"였다. 실제로 그런 마음으로 이 프로젝트를 시작했다. 여기저기 흩어져 섬처럼 자신의 작품에 몰두해 있는 이들과, 버스 운전기사들이 오며 가며 슬쩍 손인사를 나누듯 안부를 나누고 싶었다.

2020년 첫 녹음을 시작했던 팟캐스트가 2023년 초여름에야 책으로 나온다. 그 사이 인터뷰를 진행했던 PD와 프로그램에는 많은 일들이 있었다. 누군가는 이직을 했고, 어떤 프로그램은 종영을 혹은 다음 시즌을 맞았다. 종영을 했다가 다시 시즌을 이어간 프로도 있다. 이런저런 변화들을 지켜보며 원고를 쓰는 마음이 급해진 적도 있다. 콘텐츠의 유통기한이 그리 길지 않은 요즘, 유행이 지나기 전에 얼른 책을 출간해야 하는 게 아닌가 싶어서였다. 그러나 이것이 '책의 호흡'임을 자연스럽게 깨닫게 됐다. 지금 핫한 이야기를 적기에 다루는 게 방송과 잡지의 호흡이라면, 오래 지나도 읽힐 이야기를 남기는 게 책의 몫이 아닌가 한다. 팟캐스트로 발 빠르게 담았던 당대의 인터뷰를 책으로 바꾸는 동안 자연스럽게 어떤 이야기는 빠졌고 어떤 이야기는 남았다. 한 프로그램이 인기를 끌 때는 모두가 그것을 보는 것처럼 느껴지지만, 시간이 지나 다른 인기 프로그램이 등장하면 언제 그랬나 싶게 잊힌다. 여기에 남은 내용은 그런 시간의 흐름을 겪고도 나와 편집자가 '읽힐 만하다'고 판단한 것들이다. '유행이 지나도'가 아니라 '유행이 지났기 때문에' 무엇이 가치 있는 말인지가 선명해졌다. 독자들 역시 이때 이렇게 말했던 PD가 지금 어떤 프로그램을 만들고 있는지 살펴본다면 또 다른 재미를 느낄 것이다.

MBC 예능국의 허항PD, 디즈니+의 강인PD와 함께 이 프로젝트를 꾸려왔다. 15년 전 이들과 입사 동기로 만난 걸 인생의 행운으로 꼽을 만큼 멋진 친구들이다. 꽤 많은 섭외가 이들 덕분에 가능했다. <D.P.>의 김보통 작가 편과 <옷소매 붉은 끝동>의 정지인 감독 편은 강인PD가 초고를 썼음을 밝혀둔다.

모든 인터뷰는 MBC 라디오 스튜디오에서 진행됐다. 출연을 고민하는 인터뷰이에게 <배철수의 음악캠프> 30주년 기념 LP에 배철수 선배님의 사인을 받아 사진을 찍어 보내며 유혹했고 꽤 잘 먹혔다. 여러모로 MBC 라디오국의 지원을 받은 책이다. 본부장님을 비롯한 모든 구성원들에게 감사를 전한다. 김보희 편집자님은 책을 쓰는 내내 '같이 쓰고 있다'는 느낌을 받게 했다. 아이들을 재우고 카페로 나왔던 많은 밤에도 피곤할지언정 외롭진 않았다. 편집자로서 일하는 태도를 보며, 내가 PD로 어떻게 일해야 하는지 배웠다.

책을 준비하는 기간이 길어지며 힘들 때, 이 문장을 쓰는 순간을 상상하곤 했다. 드디어 이 말을 할 수 있어 기쁘다. 글을 쓰는 동안 아이들을 먹이고 씻기고 재운 남편 권태형과 사랑하는 하율, 하린, 하늘. 여러분이 나로 하여금 더, 더 좋은 책을 쓰고 싶게 만들었습니다. 말로 다 할 수 없이 사랑하고 고마워한다는 걸 알아주길.

▶ 21 min

● Ch	Contents	▶ Timeline
○ Prologue	장수연PD	▶ 16 min

MBC
아무튼 출근!

MBC
아무튼 출근!

Produced by

정다히PD

종이에 있던 활자가
살아 움직이게 하는 일

Interviewed by 장PD(장수연)
Date 2021.03.29

출처: MBC

▷ 아무튼 출근!

은행원, 교도관, 장례지도사, 스타일리스트 등 다양한 직업인들의 밥벌이 현장을 소개하는 '직장인 브이로그' 예능 프로그램. MBC에서 2020년 8월에 파일럿으로 2회 방영된 뒤 2021년 3월 2일에 정규 편성되었고, 2021년 11월 16일 32회를 끝으로 종영했다.

● 정다히PD

2010년 MBC 예능PD로 입사해 <라디오스타>, <무한도전>, <나 혼자 산다> 등 MBC의 대표적인 예능 프로그램에서 두루 조연출과 연출을 경험했다. 업무 강도가 높기로 유명한 <무한도전>을 두 차례나 맡았던 것이 커리어의 특이점. 직접 기획하고 연출한 <아무튼 출근!>으로 '이달의 좋은 프로그램상', '이달의 PD상'을 받았다.

모든 프로그램의 처음 모습은 종이에 누운 활자이다. 수많은 기획안 중 아주 일부에게 '파일럿'이 되어볼 기회가 주어지고, 이 중 극소수만이 정규 프로그램으로 편성된다. 정규가 되어도 당분간 안심할 수 없다. 방송사는 최소 몇 주 동안 매서운 눈으로 시청률 추이를 지켜보며 '이 프로그램을 길게 가져가도 될지' 판단하기 때문이다. 그렇게 살아남은 프로그램을 여러 PD가 이어달리기하듯 키워간다. <나 혼자 산다>, <라디오스타>, <전지적 참견 시점> 모두 비슷한 과정을 거쳤다. 이 프로그램들의 처음 모습 역시, 누군가가 쓴 한 장의 기획안이었다.

오래 사랑받는 프로그램이 되기를 꿈꾸며 PD와 작가들이 기획안을 쓴다. 이런 이야기는 가치 있을 거라고, 이렇게 하면 사람들에게 재미와 감동을 줄 수 있을 거라고 믿기에 쓰고, 설득하고, 밤새워 씨름해서 세상에 내놓지만 새로운 프로그램을 성공시키기란 쉽지 않다. 요즘 같은 다매체 시대엔 특히 그러하다. 필즈상 수상자인 허준이 교수가 졸업식 축사에서 '성공한 사람'이라는 단어를 무어라 수식했는지 떠올려 보자. '우연과 의지와 기질이 기막히게 정렬된' 일부에게만 주어지는 게 성공이다. 땀흘려 노력한 사람 전부가 아니라.

성공한 사람('성공'의 정의는 저마다 다르겠지만 여기선 대충 '부, 명예, 권력을 얻은 사람' 정도로 하자)에게만 들을 이야기가 있는 게 아닌 것처럼, 성공한 프로그램(대충 '시청률과 화제성이 높은 프로그램' 정도로 하자)이 아닌데도 뒷이야기가 궁금한 것들이 있다. MBC 예능 <아무튼 출근!>도 그랬다. 정다히PD를 만난 건 파일럿으로 시작했던 프로그램이 정규 4회까지 방영된 시점이었고, 당시 시청률은 3~4% 정도로 아주 높지도, 아주 낮지도 않은 상태였다.

○ **장PD** 파일럿 프로그램이 정규 편성으로 이어지기가 쉽지 않은데 <아무튼 출근!>이 그런 경우가 됐어요. 본인의 기획안을 프로그램으로 론칭하는 건 모든 PD가 궁극적으로 바라는 일이잖아요.

● **정PD** 그렇죠. 자기 세계관을 투영한 기획안이 실체가 되어 세상에 나오는 게 PD에게는 가장 영광이죠.

○ **장PD** 우선, 파일럿이 정규 프로그램이 되기까지 어떤 과정을 거치는지 설명해주시면 좋겠어요. MBC 예능국의 시스템을 예로 든다면?

● **정PD** 파일럿 프로그램을 평가하는 몇 가지 기준이 있어요. 시청률이 높으면 당연히 정규가 될 가능성이 높고요. '화제성 지수'라는 것이 있는데, 요즘은 시청률과 화제성이 따로 움직이기도 해서 시청률이 낮더라도 화제성 지수가 높으면 정규 편성을 고려하기도 해요. 또 시청률과 화제성이 부족하지만 완성도가 특별히 좋아서 '한 번 더 시도해볼 만하다'라고 판단하는 경우도 있고요.

〈아무튼 출근!〉은 시청률이 아주 높지는 않았지만 화제가 많이 됐어요. 유튜브나 VOD 조회수가 무척 높아서 비교적 빠른 시간 안에 정규 편성이 결정됐습니다.

○ **장PD** 정규 편성을 받고 많이 기뻤겠어요.

● **정PD** 기쁘면서도 두려웠어요. 제가 그동안 했던 〈무

한도전〉, 〈진짜 사나이〉, 〈나 혼자 산다〉는 조연출 혹은 공동 연출이었고 단독 연출은 이번이 처음인데, 은근히 자신감이 있었거든요. 이제 '내 것'을 보여줄 때가 됐다, 이런 것 하면 난리 날 것 같다.(웃음) 그런데 막상 해보니까 아이디어를 프로그램으로 실현하는 과정이 정말 어려웠어요. 생각할 땐 괜찮았는데 막상 실체화해보니까 이런 게 방송이 되나 싶기도 하고, 더구나 이 프로그램은 주요 출연자가 일반인이라서 더 두렵고 압박감도 강했던 것 같아요.

파일럿이 방송되고 반응이 좋아서 너무 기뻤지만, 막상 정규 편성이 되니까 이제 이걸 매주 해야 한다고 생각하니 갑자기 너무… 도망가고 싶더라고요.

기뻤던 가장 큰 이유는 스태프들 때문이었어요. 파일럿은 스태프나 출연자 모으기가 굉장히 어렵거든요. 대부분 프리랜서이기 때문에 정기적이고 안정적인 일을 훨씬 선호하시죠. 파일럿 방송은 준비 기간은 긴데 이후를 장담할 수 없잖아요. 출연자와 스태프들한테 "우리도 이제 안정적인 일자리를 갖게 됐어요"라고 말할 수 있다는 게 제일 기뻤어요.

○ 장PD 처음 녹화하고 느낌이 좋았나요?

● **정PD** 녹화가 끝나면 촬영, 조명, 음향 등의 스태프들 사이에서 가장 먼저 소문이 돌아요. 그분들이 첫 시청자니까요. 저희 프로그램은 '종잡을 수 없다'는 반응이었어요. 일반인이 출연하는 프로그램이고 '브이로그'라는 새로운 포맷이다보니까, 너무 재미있다고 하는 분들이 있는 반면 '이건 도대체 방송에 어떻게 나올지 모르겠다'고 하는 분도 있었어요.

○ **장PD** 막상 뚜껑을 열어보니 반응이 꽤 좋았죠. 기획도 신선했고, '밥벌이'라는 단어가 주는 묘한 울림이 있더라고요. 어떻게 출발한 기획인가요?

● **정PD** 새 프로그램을 만들기 위해서 저랑 작가 세 명이 같이 기획회의를 했는데, 자꾸 딴 데로 이야기가 새는 거예요. "전에 나랑 같이 프로그램 했던 그 작가 있잖아. 요즘 에어비앤비로 돈 엄청 많이 번대", "내가 말한 그 친구, 스타트업 한다고 해서 우리가 다 안 될 것 같다고 했잖아. 걔 지금 얼마에 팔고 엑싯했대", "작가님은 이 일 언제까지 할 거예요?", "우리는 일 그만두면 뭘 할 수 있을까요?" 등등 팬데믹이 정점을 찍으면서 일자리를 잃는 사람이 많아졌고 친구들 중에도 갑자기 백수가 된 경우가 생기니까, 누구를 만나든 자연스럽게 먹고사

는 이야기를 하게 되더라고요. 그래서 '그럼 이 얘기를 한번 해보자, 나랑 관련 없는 것 말고 우리가 매일 하는 이야기를 다뤄보자'라고 생각했죠.

○ 장PD 기획회의를 하다가 자꾸 이야기가 새니까, 그럼 그냥 그 '새는 이야기'로 프로그램을 만들어보자고 생각한 게 참 재미있네요. 사실 새로운 프로그램을 기획해서 론칭하는 건 공이 많이 드는 일이잖아요. <아무튼 출근!>도 구석구석 손이 많이 간 게 느껴졌어요. 마지막에 나오는 텔럽*을 보니 누군가의 손글씨던데, 이것도 의도가 담긴 디자인이었죠?

● 정PD 맞아요. 우리가 '일하는 사람들'의 이야기를 담은 프로그램을 만드는데, 제작진들 역시 여기서 '일하는 사람들'이라는 생각이 들더라고요. 그래서 이분들의 손글씨를 받아서 텔럽을 만들었죠. 본인 이름을 직접 써서 프로그램에 흔적을 남길 수 있게 해드리고 싶었어요.

○ 장PD 그런 디테일까지 직접 다 챙기려면 업무량이 상당했겠어요.

● 정PD 사실 제가 가장 못하는 일 중 하나가 결정이거든요. 조연출이나 공동 연출을 할 때는 주어진 업무 안에서만 결정하면 됐는데, 프로그램을 론칭하려니까 1부터 100까지 다 제가 결정해야 하더라고요. CG실

■ 텔럽(telop) : 프로그램 마지막에 제작진의 이름이 자막으로 흘러가는 것.

과 디자인을 논의하는 중인데 자막실에서 연락이 와서 폰트를 결정해달라고 하고, CG와 자막을 아직 정하지 못했는데 작가님한테 전화가 오고….

그 당시 통화 기록을 보면 1분, 2분 단위로 계속 통화를 했어요. 태어나서 이렇게 많은 결정을 해야 하는 상황이 처음이어서 그게 제일 힘들었어요. 제 결정을 기다리는 구성원이 이토록 많다는 게 두렵기도 했고요. 망하면 어떡하지, 내가 잘못하면 이 팀원들 다 어떡하지, 정말 잘 결정해야겠다, 이런 압박감이 커지니까 더 결정을 못 하겠더라고요. 나중에는 '좀 내려놔야 하는구나'라는 걸 깨달았어요. 그것도 제가 이번에 배운 점이에요.

○ **장PD** 정말 힘들었겠어요. 멘탈 관리를 어떻게 했나요?

● **정PD** 멘탈을 관리해야 한다고 생각할 겨를도 없었어요. 매일매일 소진된 채로 집에 오니까, 내일 쓸 에너지를 어디서 채워야 하나 싶었죠.

○ **장PD** 어디서 채웠나요? 아이가 있으시죠?

● **정PD** 네. 아기 붙잡고 울기도 하고(웃음), 남편한테 얘기를 많이 했어요. 새로운 상품을 만드는 기획자나 마케터분들을 존경하게 되더라고요. 결과를 떠나서, 자신의 소신을 담은 무언가를 세상에 내놓는다는 것 자체

가 정말 용기 있는 일이구나 생각했어요.

○ **장PD**　정PD가 담은 소신은 무엇이었을까요? 밥벌이, 특히 MZ세대의 밥벌이를 보여주자고 생각한 이유가 있나요?

● **정PD**　직업 혹은 직장에 대한 생각이 제일 많이 변한 세대가 MZ세대라고 생각했어요. 제 주변의 후배들을 봐도 이직이나 퇴사를 대하는 감각이 참 다르거든요. 가볍게 생각하는 것처럼 보이지만 그 뒤에는 무거운 이유들이 있어요. 항상 '다음 스텝'을 생각하고 있어야 하는 세대예요.

▶▷▶

○ **장PD**　브이로그의 주인공인 일반인 출연자들이 모두 매력적이에요. 어떻게 섭외하셨나요?

● **정PD**　출연자들 찾는 과정이 제일 어려웠어요. 처음에는 유튜브를 엄청 보면서 찾았고, 지금은 지원자를 받고 있어요.

○ **장PD**　브이로그를 촬영할 때 카메라가 몇 대 가나요?

● **정PD**　카메라 감독님이 들고 찍는 카메라는 한두 대예요. 다른 예능 현장에 비해 저희는 아주 간소한 편이

자신의 소신을 담은 무언가를
세상에 내놓는다는 것 자체가
정말 용기 있는 일이구나
생각했어요.

죠. 대신 무인 카메라를 곳곳에 많이 설치해서 보완했어요.

○ **장PD**　하루나 이틀 촬영하고 끝나는 건가요?

● **정PD**　저희는 딱 출근부터 퇴근까지를 촬영해요.

○ **장PD**　일반인 출연자가 주인공이어서 고민되는 지점도 있을 것 같아요. 예를 들면 어떤 회차에서, 회의가 끝나고 막내 사원이 뒷정리하는 모습이 나오더라고요. 저는 개인적으로 약간 불편했어요. 자기가 마신 컵은 자기가 치워야지 왜 그걸 막내가 하나 싶어서요. 편집할 때 그런 장면을 뺄지 말지 고민되지 않았어요?

● **정PD**　맞아요. 논란이 될 수도 있으니까 빼야 하나 고민했는데, 그게 현실이잖아요. 참 어려운 부분이에요. 솔직히 저는 프로그램을 처음 기획할 때, 현실을 더 적나라하게 보여주고 싶었어요. 소위 '꼰대 같은 상사'의 모습, 그런 상사를 뒤에서 욕하는 모습까지도 신랄하게 보여주고 싶었는데, 저희는 촬영하고 가면 끝이지만 출연자는 회사에 계속 다녀야 하잖아요. 그 회사가 우리에게 문을 열어준 것에 고마움도 있었고요. 그래도 촬영에 대해 회사와 협의할 때 "최대한 있는 그대로 내겠다, 너무 미화하지는 않겠다"라고 말해요. 요즘 시청자들은 미화하면 거부감을 느끼거든요. 홍보를 위해 무언

가를 추가하지 않고 최대한 자연스럽게 보여주기로 하고 촬영을 하죠.

○ **장PD PD로서 본인의 강점이 뭐라고 생각하세요?**

● **정PD** 공감력. 예능PD는 참 많은 사람의 하루를 좌우하는 자리예요. 리더 역할을 해본 분이라면 누구나 공감하실 텐데, 제가 "이거 아니에요. 다시 찍어오세요"라고 하면 그분들은 추가 근무를 해야 하죠. 저는 모진 결정을 잘 못 내리는 편이어서 스태프분들이 저를 좋아해주십니다.(웃음) 또 편집할 때도 공감력이 높은 편이어서 잘 울고 잘 웃기 때문에, 그런 감정들을 좀 더 증폭시킬 수 있는 것 같아요.

○ **장PD 편집을 보면서 세심하다는 생각이 많이 들었어요. 일반인 출연자들이다보니 어떤 부분이 민감하고 어떤 부분은 괜찮은지 더 신중하게 살펴야 하잖아요. 화면의 블러 처리 하나에도 신경을 많이 썼구나 싶더라고요. PD에게 가장 중요한 덕목이 무엇인지도 여쭤봤는데, 결단력이라고 하셨어요.**

● **정PD** 네, 제가 진짜 못하는 것 중의 하나이고, 남편이랑 싸우는 가장 큰 이유이기도 해요.(웃음) 결정하는 데 쓸 에너지를 회사에서 다 쓰고 와서인지 집에서는

거의 아무것도 결정을 못 해요. 밥을 뭐 먹을지조차도 요. 제 결정 하나에 스태프들의 업무량이 정해지고, 저의 섭외에 그 주의 시청률이 좌우될 수도 있다는 게 두려워요. 그런데 결정에 너무 많은 시간과 에너지를 쓰다보니까 스태프들이 더 힘들어하더라고요. "PD님, 완벽하지 않아도 되니까 빨리 결정을 내려주세요"라는 이야기를 듣고 느꼈어요. 빨리 결정을 내리고 거기에 따른 결과를 잘 수습하는 게 더 중요하겠구나.

○ 장PD 맞는 말 같아요. 옳은 결정과 그른 결정이 따로 있는 경우보다 결정을 내리고 난 뒤의 시간들이 그 결정을 옳거나 그르게 만드는 경우가 훨씬 많죠. 요즘 고민은 뭐예요?

● 정PD 나를 위한 에너지를 어디서 채울까. 집에 갈 때마다 '모든 에너지를 다 썼구나' 생각해요. 이 '모든 에너지'에는 일할 에너지뿐 아니라 멍때릴 에너지, 길을 걸어갈 에너지까지 포함돼요. 아직 프로그램 초반이다보니까 에너지를 아낄 여유가 없거든요. 그렇게 다 쏟아붓고 나면 집에 가는 길도 힘들더라고요.

○ 장PD 어떻게 충전하세요?

● 정PD 가족이 큰 힘이 되고 있어요. 저는 원래 비혼주의자에 굉장한 개인주의자였는데, 결혼을 추천하는 쪽

으로 바뀌었어요. 집에서 남편과 아기한테 정말 많은 에너지를 받아요.

○ 장PD 배우자의 협력이 참 중요하겠어요. 예능PD는 업무량이 지나치게 많은 직업이잖아요. 남편이든 아내든, 일에 이렇게까지 많은 시간을 쓰면 가족들이 보통 싫어하죠.

● 정PD 그런데 제 남편 역시 만만치 않게 바쁜 업종에서 일하거든요. 한창 바쁜 시즌에는 예민하기가 말도 못해요.(웃음) 그럴 때는 제가 많이 받아주고, 요즘은 남편이 많아 받아줘요. 육아도 거의 남편이 하고 있고요.

○ 장PD 여성 예능PD에게 '결혼을 추천한다, 아기와 남편이 힘이 된다'는 말을 듣는 게 신선해요.

정PD의 말을 들으며 『긴즈버그의 말』이라는 책의 한 구절이 떠올랐다. 미국의 연방대법관이었던 루스 베이더 긴즈버그는 여성과 소수자의 권리 증진에 중요한 판결을 수차례 이끌어낸 인물로, 두 자녀를 키우며 그 일들을 해냈다. 책에는 그가 자신처럼 일과 육아를 병행하는 여성들의 존재를 반가워하는 장면이 나온다.

"미시간대학교 로스쿨 졸업생 중에 아이가 있는 여성 변호사의 만족도가 가장 높다는… 동 대학교의 최근 조사 결과에 얼마나 기분이 좋은지 모른다. 조사 결과에 의하면 그들은 힘들긴 하지만 동시에 만족스럽다고 했다. 그들은 가정도 즐기고 일도 즐긴다. 각각의 영역에서 모두 스트레스를 받지만 또 그만큼 다른 영역에서 위안을 얻는다고 했다. - 1994년 9월22일, 캘리포니아 여성변호사협회"

-『긴즈버그의 말』(루스 베이더 긴즈버그 지음, 오현아 옮김, 마음산책, 2020)

업무와 육아, 각각의 영역에서 스트레스를 받지만 다른 영역에서 위안을 얻는다는 정다히PD의 말을 들으며, 세 아이의 엄마인 나도 긴즈버그처럼 아주 기분이 좋았다. 이 글을 읽는 당신이 아이를 키우며 일을 하는 사람이라면 아마 같은 마음을 느낄 것이다. 그걸 상상하며 쓰는 나는 또 기분이 좋다. 이런 기쁨의 메아리가 더 크게 윙윙 울려 퍼지길.

○ 장PD 시간 관리를 어떻게 하는지 궁금해요. 회사 일도 많고, 집에 가면 아이도 있고, 이것저것 모니터할 콘텐츠들도 많잖아요.

● **정PD** 어디서 읽었는데, 투우장의 소들이 경기에 나가기 직전에 잠깐 혼자 머무는 공간이 있대요. 그걸 '케렌시아'라고 한다는데, 그 글을 읽고 '내가 이건가봐!'라고 생각했어요. 저는 회사에 출근하기 전에 한두 시간 정도 꼭 혼자 시간을 가져야만 워밍업이 되거든요. 카페에서 커피 마시면서 사람들도 구경하고, 오늘 뭐 해야 하는지 생각도 하고, 그렇게 마지막 여유를 즐기고 나서 회사에 가요.

○ **장PD** 그런 시간이 참 중요하죠.

● **정PD** 네, 우리는 역할이 많잖아요. PD도 해야 하고, 엄마도 해야 하고, 아내도 해야 하니까 '나로서만 있는 시간'이 꼭 필요한 것 같아요. 그 시간은 일부러 내야 하더라고요.

○ **장PD** 맞아요, 그런 시간은 저절로 생기지 않죠. <아무튼 출근!>은 직업을 다루는 프로그램인데, 정다히PD는 다른 직업을 가진다면 해보고 싶은 일이 있나요?

● **정PD** 카페 알바생요. 제가 후배한테 들었던 말 중에 가장 뿌듯했던 게 "선배는 연출이 되어서도 흑화하지 않은 것 같아요"였어요.

보통 메인 연출이 되면 스트레스가 극심하다보니까, 조

연출 때는 안 그랬던 사람이 갑자기 후배들을 엄청 긁어대기도 하고, 스트레스를 감당하지 못해서 실제로 몸이 아프기도 해요. 그 후배가 그렇게 말했을 때 사실 저는 속으로 곪아가고 있었어요. 그런 티가 나지 않도록 에너지를 분배하긴 했지만, 속으로는 '내가 이만큼의 그릇은 아니다'라고 생각했거든요.

제가 좋아하는 선배 한 분이 이런 말씀을 하신 적이 있어요. "나는 훌륭한 PD가 될 그릇은 아닌 것 같아. 나는 그냥 밥값 하는 PD가 되는 게 목표야." 대부분의 PD가 'PD라면 열정이 넘쳐야 하고, 사명감이 있어야 하고, 큰 목표를 가지는 게 당연해'라고 생각하는데, '밥값 하는 게 목표'라고 당당하게 이야기하는 게 멋있었어요. 일에 너무 많은 에너지를 쓰는 게 좀 벅찰 때가 있어요. 제 영역이 정확히 주어지고, 그 안에서 즐겁게 일을 하고 싶다는 생각이 들면서 알바생이 너무 하고 싶더라고요.

알바생이 편해 보인다는 뜻이 아니라, 저에게 할당된 결정의 범위가 명확한 것, 제한된 영역 안에서 최선을 다하는 것이 제게는 재미있게 느껴졌기 때문이에요. 그걸 최근에 깨달아서 '어딘가에서 알바생으로 일하면 나 그 사업을 되게 빛내줄 수 있을 것 같아'라는 생각을 했어요.

○ **장PD** 지금 너무 많은 결정을 해야 하는 상황이어서 더 그럴 수도 있겠네요. 저도 연출이 된 지 얼마 안 됐을 때 그런 생각을 했던 것 같아요. '아, 다시 조연출 하고 싶다!'(웃음)

● **정PD** 시간이 지나면 나아지나요?(웃음)

○ **장PD** 시간이 지나면 또 다른 괴로움이 오지 않을까요.(웃음) 저는 그 시기가 지나고 나서는 '무의미와의 싸움'이 힘들었어요. 내가 영혼을 갈아 넣어서 만든 무언가가 세상에 돌 하나 던진 것만큼의 파문도 일으키지 못할 때의 자괴감. 여가 시간에 나의 즐거움을 위해서 소비하는 콘텐츠와 제작자로서 만드는 콘텐츠 사이의 괴리가 클 때, '내가 지금, 나도 안 볼 콘텐츠를 만들고 있는 건가' 싶어서 힘들더라고요. 그런데 또 모든 사람이 '나에게 의미 있는 것'으로 밥벌이를 하고 있지는 않으니까요. 그렇게 생각하면 어리광인가 싶기도 하고요.

<아무튼 출근!>에 등장했던 직업인을 일상에서 마주할 때, 내가 훨씬 너그러워지는 걸 느낀다. 내 남편이 은행원일 때 창구 직원에게 더 친절해졌던 것과 같은 이치일까. 영화 <원더>의 마지막 장면이 생각났다.

　　"우리가 다른 사람들이 무슨 생각을 하는지 안다면, 아무도 평범하지 않다는 것을 알게 될 것입니다. 부디 친절하세요. 모든 사람이 힘든 싸움을 치르고 있으니까요. 어떤 사람에 대해 정말로 알고 싶다면, 바라보기만 하면 됩니다."

- 영화 <원더>(스티븐 크보스키 감독, 2017)

　　정말로 알기 위해 바라보는 것, 우리는 이걸 '관찰'이라고 한다. 관찰의 사전적 정의는 "어떤 대상 또는 현상을 이해하기 위해 의도적으로 관심을 가지고 차분하게 바라보는 것"이다. 관찰 예능의 르네상스 시대, 어떤 프로그램은 바라봄을 앎으로 확장시킨다. 그 사람이 치르고 있는 힘든 싸움을 짐작해보고 싶게 만든다. 웃기려고 만드는 예능 프로그램이, 시청자의 마음에서 그런 일을 해내는 순간이 있다.

프로그램은 누구의 것인가

▷ 장수연PD

2년여 동안 마흔 명이 넘는 PD들을 만나면서 빼놓지 않고 물었던 질문이 있다. PD에게 가장 중요한 덕목이 뭐라고 생각하는지. 체력, 센스, 진심, 호기심, 공감력, 수용력 등등 다양한 대답을 들었고 그 모두에 동의할 수 있었다.

여러 PD와 대화하는 동안 나에게도 대답이 생겼다. 내가 생각하는 PD의 가장 중요한 덕목은, 제작진으로 하여금 이 프로그램이 '내 것'이라고 생각하게 만드는 능력이다. PD는 자신이 최선을 다해 일하는 사람이 아니라 스태프들이 최선을 다해 일하도록 만드는 사람이기 때문이다.

방법은 여러 가지일 것이다. 몰아붙이고 압박해서, 잘 구슬려서, 넘치는 보수를 지급해서, 성공할 때 누리게 될 영광을 보여줘서. 그러나 이 프로그램이 '방송국 것'이나 'PD의 것'이 아니라 '내 것'이라고 느끼게 할 수만 있다면, 그리하여 스스로 즐거이 몰입해서 일하게 할 수만 있다면, 그것이 최고의 방법이라고 생각한다.

이것은 쉽고도 어려운 일이다. 쉬운 이유는 콘텐츠 창작 일에 몸

담은 사람에게는 기본적으로 어느 정도 '예술가' 기질이 있기 때문이다. 무언가를 창작하는 과정에는 그 일에 고도로 몰입하여 '가장 멋진 것'을 추구하는 시간이 있기 마련이며, 그 순간만큼은 '내 일'과 '남의 일'의 구분이 무의미하다.

어려운 이유는 이들이 예술의 경지에 몰입하는 순간 '정신 차려야지, 내가 무슨 예술가도 아니고, 이 일이 내 것도 아닌데'라고 고개를 세차게 흔들게 만드는 상황이 수시로 발생하기 때문이다. 한 방송작가가 쓴 책을 읽다가 종이에 손을 베이듯 놀란 적이 있다. '작가가 아무리 열심히 해봐야 방송국과 PD에게만 좋은 일이었다'라는 문장 때문이었다. 방송작가 일의 고단함을 설명하는 부분이었는데, 읽으며 뒤통수를 맞은 느낌이었다. 짐작건대 그에게는 방송국만이 아니라 PD도 작가의 공을 가져가는 존재였던 모양이다. 나와 같이 일하고 있는 동료 작가들도 이렇게 생각할까 싶어 마음이 내려앉았다.

사실 프로그램이 성공하면 출연자와 함께 PD가 주목받게 마련이다. 제작발표회 때 PD는 출연자와 함께 카메라 앞에 앉고, 상을 타거나 기사가 나도 PD의 이름이 오르내린다. 작가나 조연출, 여타 다른 제작진의 이름이 알려지는 건 드문 일이고, 그나마도 '업계'에서 선수들만이 알아보는 경우가 많다. 누구의 기획이었는지, 저 프로그램이 잘되기 위해 누가 가장 갈려 나갔는지 아는 사람은 안다. 아는 사람만 안다. 스태프들 입장에서 회의감이 드는 일이 왜 없겠는가.

누군가에게는 프로그램이 '방송국 것', 'PD의 것'으로 느껴지겠지만 PD 역시 프로그램을 온전히 '내 것'이라고 생각하기는 어렵다. 정말 중요한 결정, 이를테면 프로그램의 출발이나 종결은 PD 본인의 의사와 상관없이 이뤄지는 경우가 적지 않다. 자신도 통보받은 일을 동료들에게 설명해야한다. PD만 그렇겠는가. 많은 일이 촘촘하게 분업화된 현대사회에서, 내 일이 오롯이 '내 것'이라고 감각할 수 있는 직업이 얼마나 되나. 그렇다면 PD는 제작진을 어떻게 독려해야 할까. 그 전에, '이렇게 영혼을 갈아 넣어 만들어도 회사에서 접으라면 접어야 하는데 이게 다 무슨 소용인가'라는 생각이 자꾸만 비집고 나오는 나 자신은 어떻게 동기부여해야 할까.

'창작하는 인간'으로서 우리에게 내재된 예술가의 자질을 믿을 수밖에 없다는 게 내 생각이다. 사실 방송국에서 '예술'이라는 말은 보통 부정적인 의미로 많이 쓰인다. "야, 너 무슨 예술하냐?"라거나, "예술하고 앉아 있네"라거나, "우리가 무슨 예술을 할 것도 아니고" 등등의 용례가 있겠다. 그러나 프로그램을 만들면서 제작진이 '예술하고 앉아 있는' 순간은 분명히 있다. 아마 모든 직업인에게 있을 것이다. 엑셀 표를 만드는 일에도, 영업사원의 말 기술에도, 보고서를 쓰거나 주사를 놓거나 음식을 만들고 설거지를 하는 일에도 분명히 어떤 예술적인 순간이 있다. 그런데 왜 그런 '예술하는 마음'을 자조하면서 '우리가 무슨 예술가냐?'라고 부정할까. 어쩌면 그건 우리나름의 '멘탈 관리' 아닐까.

'내가 무슨 예술가도 아니고'라고 자조하면서도 예술을 하던 많은 직업인을 떠올린다. 그것은 창작자가 가진 노동자로서의 면모였다. 노동자이기만 한 노동자가 아니라, 예술가이고 싶은 노동자이기 때문이었다. 우리모두에게는 지금 하는 일에 몰입하고 싶은 마음, 아름답고 완성도 있게 일을해내고 싶은 마음, 상품보다 작품을 만들고 싶은 마음이 있다. 그러나 세상이 우리를 그리하도록 내버려두지 않는다. 우리는 노예에게 생업을 맡길 수있는 그리스 귀족이 아니니 멘탈 관리가 필요할 수밖에 없다. 내 안의 예술가를 깨웠다가 잠재웠다가, 적절하게 다독여가며 일하느라 괴로운 건 내가 아직 창작자 예술가로서의 존엄을 포기하지 않았다는 증거일 것이다.

프로그램은 누구의 것인가. 당신이 지금 하고 있는 그 일은, 누구의 것인가. 직장인이면서 예술하고 앉아 있는 가련한 우리, 그 순간의 몰두와 성취는 오롯이 우리의 것임을 기억하자. PD는 동료들이 애써 스스로 죽이고 있는 예술가를 끄집어내는 사람이 되어야 한다. 방송국도 PD도, 당신의 '예술적 순간'을 침범할 수 없다고 되새겨주어야 한다.

유튜브
공부왕찐천재 홍진경

유튜브

공부왕찐천재 홍진경

Produced by

이석로PD

엑스(✕)도, 세모(△)도 빼고
오로지 동그라미(○)만 남기는
단순한 전략이 만드는 힘

Interviewed by 장PD(장수연), 항PD(허항)
Date 2021.05.12

출처: 공부왕찐천재 홍진경 @zzin_genius

▷ 공부왕찐천재 홍진경

2021년 2월 17일 첫 화가 공개된 웹예능. 이른 데뷔로 학창 시절에 배움의 기회를 놓친 홍진경이 뒤늦게 공부에 뛰어들며 각종 에피소드가 펼쳐진다. TV 프로그램과 확연히 다른 편집 호흡과 자막 스타일, 출연자를 자연스럽게 '풀어놓는' 촬영 현장 등 유튜브라는 매체에 잘 맞는 포맷으로 신선한 재미를 만들어냈고, 특히 초반의 과감한 섭외는 웹예능 특유의 자유로운 제작 방식이 가진 위력을 보여주며 큰 화제를 몰고 왔다. 2023년 6월 현재 130만 명의 구독자를 보유하고 있다.

● 이석로PD

연세대 신문방송학과 졸업. 2011년 TV조선 예능PD로 입사하여 <강적들>, <스타다큐 마이웨이> 등을 연출하다가, 웹콘텐츠 제작 부서로 이동했다. 2020년 퇴사 후 본격적으로 웹예능을 기획하여 <공부왕찐천재 홍진경>을 론칭했다.

<공부왕찐천재 홍진경>(이하 <공부왕찐천재>) 같은 콘텐츠가 세상에 나타나면 대중을 상대로 하는 크리에이터들은 질투와 부러움에 마음이 끓는다. 공개 3주 만에 카카오TV 누적 조회수 1,000만 뷰를 달성했다거나 두 달 만에 유튜브 구독자 수가 40만 명을 넘었다는 식의 기록을 굳이 들추지 않아도, 보는 순간 직관적으로 알 수 있다. '이건 미쳤다, 미친 기획이다!' 콘텐츠를 만드는 사람으로서 한 번쯤은 해보고 싶은 일, 들어보고 싶은 탄성. 누군가가 해냈구나, 또 한 명이 나왔구나, 생각하니 도리 없이 부러움이 일렁인다.

조금만 찬찬히 연기 같은 질투심을 가라앉히면, 얼굴 한 번 본 적 없는 동료지만 진심으로 감탄과 응원을 보내고 싶은 마음이 보인다. 이 감정에 이름을 붙이자면 '벅참'에 가까울 것이다. 기획 아이디어와 포맷과 출연자, 여기에 미디어의 성격까지 맞춘 듯이 똑떨어지는 이런 콘텐츠의 탄생을 목도하는 건 너무나 짜릿한 일이기 때문이다. 아마도 여러 행성의 궤도가 맞아들어 몇백 년 만에 어떤 별을 관측하게 된 천문학자의 심정과 비슷하지 않을까.

이석로PD를 인터뷰했던 건 <공부왕찐천재>가 론칭된 지 3개월쯤 지났을 무렵이었다. 홍진경에게 공부를 시킬 생각을 어떻게 했는지, 안철수 · 나경원 같은 정치인은 어떻게 섭외했는지 등 '성공의 비결'도 물론 묻고 싶었지만 그보다 더, 찬사를 보내고 싶은 게 이 인터뷰의 동기였다. 정말 멋진 걸 만들었다고 크게 말해주고 싶은 콘텐츠였다.

○ 항PD 홍진경 씨의 평소 캐릭터와 프로그램이 정말 잘 어울려요. 기획이 먼저 나오고 섭외를 한 건지, 아니면 홍진경 씨를 만나고 기획을 시작한 건지 가장 궁금했어요.

● 이PD 저한테 기획은 그냥 홍진경 하나였어요.

○ 장PD '홍진경과 무언가를 해보겠다'가 기획이었던 건가요?

● 이PD 네.

○ 장PD 이유가 뭐예요? 홍진경 씨의 어떤 부분이 그렇게 매력적이었나요?

● 이PD 그 이야기를 하자면 역사가 긴데요.(웃음) 저는 TV조선에서 처음 PD 생활을 시작했어요. 2011년 공채 1기로 예능PD가 됐고 8년 차 때 유튜브 콘텐츠 제작 파트로 옮겼는데, '웹예능에 어울리는 사람이 누구일까' 생각했을 때 가장 먼저 떠올랐던 게 홍진경 씨였어요. 섭외를 시도했지만 잘 안됐죠. 그때는 채널의 호스트가 아니라 출연자로 섭외했거든요. 그러다 제가 퇴사를 하고 본격적으로 웹콘텐츠 제작에 뛰어들었을 때 처음으로 찾아뵌 게 홍진경 씨예요. 꽃다발을 들고 찾아갔어요.

○ 장PD 꽃다발요?

● 이PD 네. JTBC 〈차이나는 클라스〉 대기실에 꽃다발과 기획안을 들고 갔어요. 물론 소속사 사장님에게 이

야기해서 미리 약속을 잡았고요. 제가 처음 썼던 기획안은 '홍진경의 라이프스타일'이었어요. 홍진경의 천재성을 암기천재, 사업천재, 패션천재, 요리천재 네 가지로 분류해서 "당신의 라이프스타일을 보여줍시다"라는 기획이었는데, 진경 씨가 보더니 "사실 나는 하고 싶었던 게 있어요. 공부!" 하더라고요. 그러니 〈공부왕찐천재〉의 기획은 홍진경 씨가 주신 거고, 저의 기획은 오로지 홍진경이었던 거죠.

○ **장PD** **이 프로그램을 보다보면, 한 사람의 매력을 이렇게 잘 보여줄 수 있다는 것에 감탄하게 돼요. 홍진경 씨에 대한 PD님의 애정이 크다는 걸 느낄 수 있고요.**

● **이PD** 그럼요. 3년을 기다려 온 기획인데요.

○ **장PD** **왜 그렇게까지 홍진경 씨에게 매료된 건가요?**

● **이PD** 홍진경이 웹예능을 하면 진짜 재미있을 거라고 생각했어요. 웹에서 '먹히는' 사람들의 특징이 있거든요. 다 내려놓고, 약간 정신이 나간 사람?(웃음) 내가 연예인이라는 것, 지금 카메라가 찍고 있다는 걸 잊고 어떤 상황에 미친 듯이 몰입할 수 있어야 해요. 팁을 드리자면, 유튜브에 검색했을 때 이름 옆에 '레전드' 영상이 뜨는 사람이 그런 분들이에요. 홍진경 레전드, 김홍

국 레전드, 조세호 레전드처럼요. 모든 걸 종합했을 때 홍진경 씨는 꼭 같이 해보고 싶은 사람이었어요.

○ **장PD** 실제로 같이 일해보니까 어떻던가요?

● **이PD** 정말 좋은 분이에요. 굉장히 바르고 의리 있고, 너무 웃겨요. 같이 있으면 종일 웃어요.

○ **항PD** 제가 예전에 <진짜 사나이>라는 프로그램의 PD였을 때 '여군 특집'을 두 번 했었거든요. 처음 했을 때 홍진경 씨를 섭외했는데 너무 바빠서 출연을 못 하셨어요. 몇 개월 뒤에 시즌2에서 다시 섭외 요청을 했는데, 소속사에서 '같은 이유로 이번에도 어렵겠다'고 하더라고요. 그런데 뒤늦게 다시 연락이 왔어요. 홍진경 씨가 "제작진이 두 번이나 나한테 연락했다는 건 내가 정말 필요하다는 것 아닐까. 그럼 해야 하는 것 아닐까"라고 진지하게 소속사에 말씀하셨던 거예요. 너무 감사했지만 이미 촬영일이 임박했고, 그때도 역시 너무 바쁘셔서 시간을 뺄 수 없는 상황이라 성사되지 못했죠. 그래도 '제작진이 두 번이나 나를 찾을 만큼 내가 필요하다면 내가 해야 하는 것 아닌가'라고 고민했다는 것 자체가, 이분이 얼마나 멋진 사람인지 보여준다고 생각했어요.

○ **장PD** 첫 선생님으로 안철수 씨를 섭외하신 이유도 여쭤보고 싶어요. 왜 안철수였는지, 그리고 어떻게 섭외했는지 궁금해요.

● **이PD** 저도 처음에는 '똑똑한 연예인'을 섭외하려고

했는데, 더 높은 수준의 선생님이 없을까 고민하다가 '수학 끝판왕? 서울대 의대? 안철수?' 이렇게 생각이 이어졌어요. 연락을 드렸더니 다행히 흔쾌히 하시겠다고 했고요.

○ 장PD **흔쾌히 승낙한 포인트가 뭐였나요? 어떤 이야기를 듣고 오케이를 하셨어요?**

● 이PD 제가 비서실장님한테 절대 정치 이야기를 하지 않겠다고 했어요. 정치의 '정'자라도 나오는 순간 바로 카메라를 끄겠다고요. 무조건 수학 이야기만 하셔라, '정치인 안철수'가 아니라 '공부 잘하는 석학 안철수'의 모습만 보여주면 된다고 했는데, 여기에서 뭔가 본인이 하고 싶었던 게 있으셨나봐요.

○ 장PD **안철수 대표 뒤로 나경원 전 의원, 장성규, 오상진 이렇게 라인업이 이어졌어요.**

● 이PD 네. 지금 제가 꼭 모셔보고 싶은 건 재계 쪽 분들이에요.

○ 장PD **현대카드 정태영 부회장이나 신세계 정용진 부회장 같은 분들은 왠지 성사될 것도 같은데요?(웃음)**

● 이PD 너무 좋죠. 코로나19 상황이 좋아지면 미국에 가서 빌 게이츠도 만나보고 싶어요.(웃음)

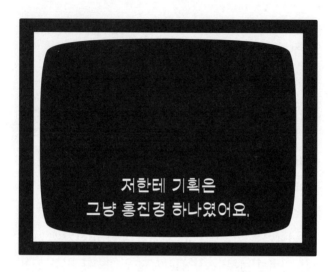

저한테 기획은
그냥 홍진경 하나였어요.

○ 장PD <공부왕찐천재>는 편집이 굉장히 재미있어요. 컷 넘어가는 호흡이나 리듬, 자막, 숏의 크기까지 '웹에 잘 어울린다'는 느낌이라고 할까요. 특히 익스트림 클로즈업을 적재적소에 잘 쓰시더라고요. 예를 들어 조세호 씨가 인터뷰에서 "저는 공부 잘하는 사람들을 별로 안 좋아해요"라고 말할 때 초조한 손짓을 아주 크게 잡는 장면이 너무 웃겼어요.

● 이PD 제가 익스트림 클로즈업을 좋아해요. 저희의 편집 스타일이 두 가지예요. 하나는 보통의 웹예능처럼 자막을 많이 쓰고 컷이 빠르게 넘어가는 편집, 또 하나는 저희가 요즘 밀고 있는 건데 자막을 다 빼고 느린 호흡으로 가는 편집이에요. 지금 이게 반응이 좋아요. 페이크 다큐 같은 담백한 편집이 좋아서 두 가지 스타일을 같이 쓰고 있어요.

○ 항PD 편집을 몇 명이 하나요? 제작진 구성이 어떻게 돼요?

● 이PD 편집은 5명이 같이 하고, 마스터링▪은 제가 다 하고 있어요. PD가 총 5명입니다.

○ 항PD 5명 중에 연출과 조연출이 나뉘어 있나요?

▪ 마스터링 : 여러 명의 PD가 각자 맡은 부분을 1차로 편집하면, 이를 하나로 합치고 자막이나 CG를 수정·추가하는 최종 편집이 이어지는데 이 단계를 '마스터링'이라고 한다. 몇 개로 나누어진 편집본을 하나의 완성된 방송용 영상으로 만드는 작업이다.

● **이PD** 유튜브 쪽은 방송국과 달리 연출과 조연출의 구분이 애매해요. 저 빼고 나머지 PD들은 다 2~3년 차로 동등한 입장이거든요. 구성작가▪는 따로 없어요. 섭외를 도와주는 작가만 한 명 있습니다.

○ **항PD** 그럼 촬영구성안▪도 없나요? 그냥 쭉 촬영하고, 나중에 편집하면서 구성을 하는 거예요?

● **이PD** 네, 다 제가 써요.

○ **장PD** 작가가 없다니 놀랍네요.

● **이PD** 원래 웹콘텐츠에는 작가가 없어요. 대본 없이 한 시간 정도 찍어서 15분 나가는 거예요.

○ **장PD** 방송사에서 PD 생활을 시작하셨는데, 방송사의 제작 프로세스와 전혀 다른 방식으로 일하는 게 힘들지는 않으세요?

● **이PD** TV조선에 있을 때 이미 1년 정도 웹예능을 경

▪ **구성작가** : 드라마 이외의 장르, 즉 예능·시사·교양·라디오 등의 원고를 집필하는 방송작가를 '구성작가'라고 한다. 드라마작가가 드라마의 대본을 쓰는 사람이라면, 비드라마 콘텐츠의 구성작가는 기획·취재·구성·제작 전반에 깊숙이 참여하여 PD와 협업한다.

▪ **촬영구성안** : 어떤 내용으로 어떻게 촬영할지를 정리한 '지도' 같은 것. 예능 프로그램은 출연자의 대사를 일일이 원고화할 수 없기에, 출연자를 어떤 상황에 처하게 할지 정도를 정하여 대략의 흐름을 계획한다. 촬영 후에는 '편집구성안'을 작성하고, 이를 바탕으로 PD들이 편집을 한다.

험했으니까요. 그때 정말 희열을 느꼈죠. 저랑 잘 맞더라고요. 7~8명 정도밖에 안 되는 스태프들이 사부작사부작 해서 10분짜리 콘텐츠를 만드는데, 그 안에 들어 있는 컷 하나하나가 전부 '우리가 직접 한 것'이라는 감각이 있었거든요. 그리고 웹콘텐츠는 피드백이 굉장히 빨라요. 댓글이 몇천 개가 달리니까, 뭔가 살아 있다는 느낌이 들고 너무 재밌었어요.

방송국에서는 사전에 제작비 견적서를 짜서 팀장, 본부장, 재무팀의 결제를 받아야 하고, 그 견적서대로 제작하잖아요. 그런데 웹예능은 그렇게 움직이면 안 돼요. 재미있는 장면이 나올 때 (견적서를 작성할 시간도 없이) 빨리 찍어야 해요. 그렇게 촬영한 게 3회분으로 나갈 수도 있고 아예 버려질 수도 있죠. 방송사 안에서 그런 한계를 느끼다가 이번에 제대로 웹예능을 만들어보니 너무 행복해요.

○ 항PD 섭외도 자유롭게 하시는 것 같아요. 방송사는, 특히 오래된 프로그램일수록 지난주와 이번 주 출연자의 색깔이 맞아야 하거든요. 유튜브는 훨씬 움직임이 가볍고, 무엇보다 시청자가 방송을 순차적으로 본다고 가정하지 않잖아요. 어떤 회차부터 봐도 바로 이 콘텐츠의 세계로 들어올 수 있다는 게 웹예능의 최대 장점인 것 같아요.

▶ ▷ ▶

○ 장PD   유튜브와 카카오TV로 나가는 콘텐츠를 제작 중이시니까 여쭤요. 요즘은 너무나 다양한 매체가 존재하는 시대이기 때문에 예전처럼 PD를 'TV에 나오는 방송물을 만드는 사람'으로 정의할 수 없잖아요. 우리는 이 직업을, 우리 스스로를 뭐 하는 사람이라고 생각해야 할까요?

● 이PD   제가 PD의 일에서 가장 중요하게 생각하는 것은 지루함을 덜어내는 거예요. 촬영할 때나 편집할 때도 생각하는 거고, 심지어 최종적인 목표도 이거예요. 우리가 프로그램을 만드는 이유도 시청자들의 지루함과 무료함을 달래주기 위함이잖아요. 지루함을 잘 덜어내는 것이 일의 핵심이라고 봐요.

○ 장PD   과거에는 프로그램을 만들기 위해 해야 하는 기획, 섭외, 촬영, 편집 등을 PD의 일로 보는 데 이견이 없었는데, 언젠가부터 'PD의 일'을 구성하는 것들이 계속 조금씩 변한다는 느낌이 들거든요. PD님은 매체를 바꾸어 일하고 있으니까 그런 느낌을 더 강하게 받으실 것 같아서, 매체나 채널이 바뀌어도 남는 PD의 일이 뭘까 여쭤보고 싶었어요.

● 이PD   지루함을 덜어내는 일 외에는 다 기술적인 부분 같아요.

○ **항PD** <공부왕찐천재>를 보다보면, 지금 PD님이 말씀하신 가치관이 잘 드러나요. 컷 넘어가는 속도가 굉장히 빠르고, 숨 돌릴 틈이 없어요. 방송 프로그램은 연령대가 높은 시청자들이 많이 보기 때문에 속도감 조절이 참 어렵거든요. 젊은 시청자들이 많이 봐주면 좋겠다는 생각이 드는 한편, 호흡이 너무 빠르면 '우리 엄마 같은 사람은 따라가기 힘들 텐데' 싶어서 고민이 돼요.

● **이PD** 제 생각에 <나 혼자 산다>는 현재 TV가 할 수 있는 최첨단의 편집을 보여준다고 생각해요. TV는 너무 빨라서도, 너무 느려서도 안 되는데 <나 혼자 산다>가 딱 그 균형을 지키는 것 같아요. TV는 소파에 앉아서 과일 먹으며 느긋하게 보는 매체이고 모바일은 집중해서 보는 매체예요. 당연히 다를 수밖에 없죠.

○ **항PD** 방송 프로그램의 제작진에는 메인PD, 서브PD, 조연출이 있는데 편집을 주로 하는 조연출들은 보통 20대에서 30대 초반의 젊은 PD들이에요. 이 조연출들은 TV보다 유튜브를 많이 보는 세대고요. 자막이나 컷 넘기는 호흡도 웹예능 스타일에 더 익숙할 텐데, 그 친구들이 TV 편집을 하다보면 좀 지루하게 느끼지 않을까 싶기도 해요.

● **이PD** 그렇지만 저는 TV가 웹콘텐츠와 같으면 안 된다고 생각해요. 그리고 방송국에서 배운 조연출은 분명히 강점이 있어요. 친절하게 짚어주는 스타일의 편집을

확실히 잘하거든요. 저희 팀 중 한 명이 〈나 혼자 산다〉에서 편집했던 PD예요.(웃음) 웹콘텐츠 제작 PD들만 있었다면 아마 제가 너무 힘들었을 거예요. 방송국에서 일을 배운 PD와 웹에서 시작한 PD가 확실히 달라요. 이 둘을 섞으면 '뭔가'가 나오더라고요.

○ **장PD   PD로서 본인의 강점이 뭐라고 생각하시나요?**

● **이PD**   사람들이 행복하게 촬영할 수 있게 해주는 것. 저희가 만드는 건 예능 콘텐츠잖아요. 촬영장에 있는 사람들이 최대한 많이 웃게 해야 한다고 생각해요.

○ **장PD   말이 많은 편이시죠?(웃음)**

● **이PD**   네, 말이 너무 많아서 편집할 때 제 오디오를 빼는 게 일이에요.(웃음) 〈공부왕찐천재〉에서는 빼다 빼다 그냥 놔둔 건데, 그게 괜찮더라고요. 초반에 홍진경 씨가 서울대에 가는 에피소드('공부하다 말고 서울대로 정기 받으러 떠난 홍진경' 편)를 촬영할 때는 제가 계속 카메라 뒤에 숨어 있었어요. 그런데 홍진경 씨가 '나 혼자서 촬영하는 거 너무 힘들다, 얼굴 안 나와도 되니까 그냥 옆에만 있어라'라고 해서 나온 건데, 보시면 카메라 두 대가 모두 진경 씨의 원샷을 찍고 있어요.▪ 그런데 그게

그렇게 이상하지 않더라고요. '그냥 이렇게 해보자' 하고 필요할 때는 제 오디오를 넣게 됐죠. 제가 잘한다고 생각하는 건 이렇게 현장의 분위기를 재미있게 만드는 거예요.

○ 항PD 너무 중요한 능력이죠. 예능 프로그램은 촬영 현장의 분위기가 방송에서도 은근히 보이잖아요. 그런 의미에서 정말 잘하고 계신 것 같아요.

● 이PD 방송 프로그램 촬영장이었다면 작가들이 리액션을 해줄 텐데, 저희는 작가가 없으니까요. 그렇다고 카메라 감독들이 웃을 수도 없고, 결국 제가 웃어야죠.(웃음)

○ 장PD 요즘은 권위 있게 무게 잡는, '다 아는 사람'으로서의 PD보다 이렇게 같이 즐기면서 만드는 캐릭터가 PD에 더 적합한 것 같다는 생각이 들어요. PD에게 '앞에 서 있는 사람'이라는 역할을 기대했던 시대도 있었지만 지금은 아니잖아요.

○ 항PD 사실 PD가 딱딱하게 있다는 건 본인이 여유가 없다는 뜻이죠.(웃음) 보통은 뭔가 틀키고 싶지 않은 게 있을 때, 여유가 없을 때 얼

■ 출연자가 두 명이면 보통 카메라 한 대는 주인공 원샷을 잡고 나머지 한 대는 풀샷을 잡는다. 이석로PD를 출연자로 생각하지 않았기 때문에 카메라 두 대가 모두 홍진경의 원샷만 잡았다는 뜻.

어버리거든요.

● **이PD** 맞아요, 불안하고 당황스러우면 괜히 옆에 있는 스태프한테 막 짜증내고.(웃음) 근데 그렇게 하면 분위기가 좋을 수가 없어요. 연예인들도 겉으로는 웃고 있지만 속으로 얼마나 피가 마르겠어요, PD를 비롯해서 모든 스태프들이 다 자기만 보고 있는데.

○ **장PD** PD에게 가장 중요한 덕목이 뭘까요?

● **이PD** 지루한 게 뭔지 잘 캐치하는 능력.

○ **항PD** '재미있는 걸 만들어내는 것'이 아니라 '지루한 걸 덜어내는 것'을 능력으로 꼽는 게 인상적이네요. 재미있는 장면을 붙이는 '플러스 방식'으로 편집하는 경우도 많잖아요.

● **이PD** 저는 재미없는 걸 빼는 게 맞는 것 같아요. 촬영된 건 어쩔 수 없잖아요. 촬영을 다시 할 수는 없어요. 그래서 현장에서 항상 '지금 지루하게 가고 있는 건 아닌지' 판단해서 적절히 흐름을 바꿔야 해요.

○ **항PD** 만약에 같이 일하는 PD들과 어디가 지루한지에 대한 의견이 갈리면 어떻게 하세요?

● **이PD** 아직까지 그런 적은 없는데, 저는 뺄 것 같아요. 방송은 편성 분량을 채워야 하니까 어쩔 수 없이 타

협을 해야 하는데, 웹콘텐츠는 6분이 나가든 8분이 나가든 상관없으니까 빼도 되죠. 나는 재미있는데 다른 사람은 재미없다? 그럼 전 빼요.

○ **항PD**　**내가 재미있어도?**

● **이PD**　사실 누군가가 지루하다면, 나도 '진짜 재미있다' 정도까지는 아니겠죠. 아리송할 가능성이 높잖아요. 그럼 빼는 게 맞는 것 같아요. 최선의 것만 나가는 게 제일 좋은 거니까.

○ **장PD**　**웹콘텐츠의 유리한 점이네요.**

분량이 정해져 있지 않다는 게 웹콘텐츠의 강력한 장점일 수 있다. 재미있을 땐 길게, 재미없을 땐 짧게 만들어도 된다. 달리 말하면, 늘 최선의 것만 보여줄 수 있다. 하여 이석로PD가 꼽는 PD의 중요한 능력은 지루함을 빼는 능력. 엑스(✕)는 당연히 빼고, 세모(△)도 가차 없이 빼고, 오로지 동그라미(○)만 남긴다는 이 단순한 전략이 힘 있는 콘텐츠를 만들어낸 비결이었을까.

너무도 당연한 전략이다. 통하지 않을 수 없어 '전략'보다 '법칙'에 가까울 지경이다. 실행하냐 아니냐만이 문제일 터, 냉정히 질문해본다. 동그라미(○)만 남겼나? 동그라미(○)가 아닌 것들을 남겨두는 이유는 무엇인가? 무엇이 나를 타협하게 하는가?

이석로PD는 홍진경 씨에 대해 '같이 있으면 하루 종일 웃게 되는 사람'이라고 표현했는데, 이석로PD 역시 인터뷰하는 내내 모두를 웃게 하는 유쾌한 사람이었다. 기획안을 쓰고, 꽃을 들고 대기실에 찾아가고, 촬영장에서 지친 출연자를 도우려 웃고 떠들고, 밤새 편집하고…. 전부 헤아릴 수 없는 이 모든 지난한 과정을 웃으면서, 옆에 있는 사람까지 웃게 만들며 해냈을 거라고 쉬이 상상할 수 있었다.

SBS
그해 우리는

SBS

그해 우리는

Directed by

김윤진 감독

늦여름에 와 있는 우리가
초여름을 그리는 법

Interviewed by 장PD(장수연), 강PD(강인)

Date 2022.03.17

출처: SBS

▷ 그해 우리는

2021년 12월 6일부터 2022년 1월 25일까지 SBS에서 방송된 16부작 드라마. 최우식, 김다미 배우가 주연을 맡아 최고 시청률 5.3%, 넷플릭스 2022년 1분기 한국 TV시리즈 부문 1위와 비영어권 TV시리즈 주간 TOP10 4위를 기록했다. 열아홉 살 소년 소녀가 스물아홉이 되기까지 겪는 '청춘의 이야기'를 초여름의 풋풋한 감성으로 담아낸 작품으로, EBS의 다큐멘터리 <꼴찌가 1등처럼 살아보기>를 모티브로 했다. 드라마가 화제가 되며 원작 다큐멘터리도 다시 주목받아 다큐에 출연했던 학생들이 예능 프로그램 <유 퀴즈 온 더 블록>에 출연하기도 했다.

● 김윤진 감독

스튜디오 드래곤 소속의 드라마감독으로 <사이코지만 괜찮아>(tvN)를 공동 연출, tvN의 단막극 <드라마 스테이지 2021-EP. 안녕 도로시>를 연출했다. 이전에는 MBC와 SBS에서 기획PD로 일한 경력이 있다. <그해 우리는>은 그가 처음 단독 연출한 장편 미니시리즈이다.

사람들은 자신의 20대를 떠올리면 어떤 느낌이 들까. 그리울까? 아련한 추억에 젖나? 혹시 나처럼, 아직 그 시간을 돌아볼 준비가 되지 않은 사람도 있을까?

　　꽤 최근까지도, 나는 20대를 추억하고 싶은 마음이 없었다. 그다지 그립지 않았고, 돌아가고 싶다는 생각은 더구나 해본 적이 없다. 그때는 사는 게 너무 고단했다. 가난보다도, 가난을 들키지 않기 위한 노력이 더 힘들었던 것 같다. 정확히는 '이 정도로' 가난하다는 걸 들키고 싶지 않았달까. 그냥 평범한 수준이라고, <그해 우리는> 속 국연수의 대사처럼 '내가 감당할 수 있을 만큼' 가난한 정도라고, 누가 묻지도 않은 설명을 늘어놓듯 일상 구석구석에서 신경을 곤두세우며 살았다. 벗어나고 싶은 마음이 컸다. 가난으로부터, 불안정함으로부터, '20대 초반'으로부터.

열아홉 살부터 스물아홉 살까지의 청춘을 다룬 드라마 <그해 우리는>을 보면서 처음으로 슬픔이나 부러움 없이 회상에 젖었다. 이 드라마 속 인물들이 너무 사랑스러워서일 수도 있고, 혹은 이제 그 시절을 돌아볼 수 있을 만큼 멀리 와서인지도 모르겠다. 어떤 의미로든, 나처럼 시니컬한 어른마저도 슬쩍 웃게 만드는 드라마였던 건 분명하다. 진한 이별 노래를 듣고 나면 있지도 않은 연인과 헤어진 기분이 들듯이, <그해 우리는>은 청춘에 대해 있지도 않은 추억에 젖게 했다. 그래서 이 드라마는 나에게 판타지였다. 정말 나의 20대가 그렇게 좋았는지 정색하고 물으면, 사실 아닐 것이다. 그런데 <그해 우리는>을 보면서는 나도 모르게 고개를 45도쯤 들고 "아~ 청춘 좋지…"라고 중얼거리게 됐다. 뭐 어떤가. 드라마는 그러려고 보는 것이기도 한데.

이토록 싱그러운 청춘물을 만든 김윤진 감독이 나와 비슷한 또래라는 사실에 놀랐다. 그는 어떤 젊은 날을 보냈기에, 혹은 어떤 감성을 유지해왔기에 40대 초입에 이런 드라마를 만들었을까? <그해 우리는>이 김윤진 감독의 첫 단독 미니시리즈 연출작이라는 걸 알고는 그가 더 궁금해졌다. 신인 감독인 그가 신인 작가와 함께 캐스팅과 편성의 지난한 과정을 뚫고 이런 굵직한 드라마를 선보이기가 쉽지는 않았으리라. 그러니 청춘의 한가운데를 지나고 있거나, 커리어의 초입에 있거나, 혹은 나처럼 청춘으로부터 멀어진 사람 모두에게 김윤진 감독의 이야기를 한 번쯤 들어보길 권한다.

▷ 그해 우리는 : 김윤진 감독　　　　　▶ 83 min

○ **장PD**   이 드라마의 기획 과정을 먼저 들려주시면 좋겠어요. 대본과는 어떻게 만났나요?

● **김감독** 2019년쯤 MBC에서 기획PD로 일할 때 옆자리에 한혜원PD가 앉았어요. "선배한테 잘 어울릴 것 같은 글이 있어"라면서 대본 하나를 보여줬는데 이나은 작가님의 〈연애미수〉(2019년 11월 방영된 MBC 금요 드라마)라는 작품이었죠. 너무 독특하고 좋았어요.

○ **장PD**   어떤 점이 특히 좋았나요?

● **김감독** 〈그해 우리는〉과 유사하게 내레이션이 많은 드라마였는데, 그게 너무나 적절했어요. 인물들의 속마음을 말해주는 타이밍, 이야기하는 방식, 문장, 모든 게 매력적이더라고요. 〈그해 우리는〉처럼 〈연애미수〉에도 빌런이 없어요. 저는 이게 작가님의 성격이 드러나는 부분이라고 생각하는데, 특별한 사건 없이 인물들의 감정을 따라가다 보면 매끄럽게 드라마 속 시간이 흘러가 있는, 그런 게 쉽지 않은데 그 쉽지 않은 걸 작가님이 대본에서 하고 계시더라고요.

시간이 지나서 한혜원PD는 '스튜디오N'으로 이직을 했고, 저도 다시 연출을 하고 싶어서 '스튜디오 드래곤'으로 옮기게 됐어요. 그때 한PD가 이나은 작가님과 연락이 닿았다고 하더라고요. 셋이 모여서 '어떤 걸 할까' 이야기를 나눴어요. 80%는 농담 따먹기였던 술자리였는데(웃음), 그때 작가님이 다큐멘터리를 소재로 가져오는 게 어떨지 제안하셨죠.

○ **장PD** 작품의 소재부터 정해진 게 아니라 '이 작가님과 하고 싶다'가 먼저였던 거네요? 이나은 작가님도 이번이 첫 장편이었다고 하던데요.

● **김감독** 네, 맞습니다. 그동안은 웹드라마를 주로 쓰셨고, 〈연애미수〉가 지상파에서 처음 방송된 작가님의 작품이었어요. 그게 4부작이었으니까 〈그해 우리는〉이 장편으로는 입봉인 셈이죠.

○ **장PD** 이렇게 대본이 아니라 작가가 먼저 정해지는 경우가 자주 있나요?

○ **강PD** 보석을 알아보는 안목이 있었던 두 사람, 한혜원PD와 김윤진 감독이 그렇게 일을 진행한 거죠. 작가만 있고 프로젝트가 시작되는 건, 보통은 그 작가님의 커리어가 대단히 화려해서 다음 대본을 보지 않고도 같이하고 싶은 감독, 제작자가 줄을 서 있는 경우예요. 먼저 손을 내미는 건, 신인 감독으로서 굉장히 용기가 필요한 일이거든요. 이름값에 기대어 가고 싶은 마음이 들 수도 있는데 '나는 그보다는 내가 맞다고 생각하는 걸 선택할 거야'라고 판단한 거니까요.

● **김감독** 근데 그것보다는 훨씬 가벼운 마음이었던 것 같아요.(웃음) 아마 한혜원PD는 강PD의 말씀처럼 생각했을 거예요. 정말 좋은 기획자이고, 분명히 작가님을 알아봤을 테니까요. 물론 저도 작가님이 매력적인 분이라고 생각했고 다른 누구보다 제가 먼저 같이하고 싶은 마음이 있었지만, 한편으로는 입봉 작가와 입봉 감독의 조합이기 때문에 어떻게 될지 모르겠다고 생각했어요. 이 프로젝트가 실제로 캐스팅, 편성, 그리고 제작까지 모든 단계를 다 깨나갈 수 있을까, 정말 거기에 이를 수 있을까, 확신을 갖고 시작한 작업은 아니었어요. 저는 진짜 그냥 놀이였어요. 즐거운 놀이처럼 시작해서 큰 부담이 없었죠. 아마 저의 이런 마음이 야속하리만큼 한혜원PD는 끙끙 앓으면서 뒤에서 많은 일을 했겠지만요.(웃음)

하지만 제 입장에서는 그래서 더 잘 준비할 수 있었던 것 같기도 해요. 부담감 없이, 그냥 우리가 제일 잘할 수 있는 것, 이나은 작가님이 제일 잘 쓸 수 있는 작품을 하자는 마음이었거든요. 그게 웹드라마가 될 수도 있고, 작은 소품 같은 드라마가 될 수도 있고, 신인 배우들과 할 수도 있다고 생각했어요. 감독과 작가가 아무런 커리어가 없는데, 배우나 방송국이 출연이나 편성을 보장할 수는 없는 거니까요. 그래서 사실 최우식 배우와 김다미 배우가 캐스팅됐을 때 두렵기도 하더라고요.

○ **강PD** 그 느낌이 뭔지 알 것 같아요. "지… 진짜 이렇게… 가는 거야?" 이런 생각?(웃음)

● **김감독** 맞아요.(웃음) 그전까지는 정말 놀이처럼 했던 거였는데….

○ **장PD** 신인 작가와 신인 감독의, 아직 대본도 없는 프로젝트가 결국 캐스팅이 되고 편성이 났으니 그 과정 자체가 드라마였겠어요.

○ **강PD** 좋은 배우들이 이 작품을 선택한 게 큰 힘이 됐을 것 같아요. '이 배우는 연기도 잘하지만 작품 선택을 정말 잘한다'고 생각하는 배우들이 있거든요. 그런 분들이 어떤 작품에 들어간다고 하면 그 작품을 다시 보게 돼요. '그 배우가 선택했다는 건 뭔가 있다는 뜻 아닐까?' 싶은 거죠.

○ **장PD** <그해 우리는>을 본 분들이 가장 궁금해하는 것 중 하나가 캐스팅일 거예요. 배역과의 싱크로율이 너무 좋았으니까요. 최우식, 김다미 두 배우의 연기를 보면서 '잘생겼다', '예쁘다'라는 단어가 배우의 얼굴을 묘사하기에 얼마나 빈약한 표현인가 하는 생각이 들었어요. 대사뿐 아니라 비주얼, 목소리, 말투, 그 모든 것으로 '최웅'과 '국연수'가 되어버리더라고요.

부담감 없이
우리가 제일 잘할 수 있는 것,
작가님이 제일
잘 쓸 수 있는 작품을 하자는
마음이었거든요.

● **김감독** 이나은 작가님이 최웅 캐릭터를 만들 때 최우식 배우를 생각하며 만들었대요. 최우식 배우가 출연했던 예능 프로그램에서 힌트를 얻은 설정들이 있거든요. 불면증을 앓고 있다거나, 밝아 보이는데 알고 보면 되게 예민한 면이 있다거나 하는 부분요. 작가님이 최우식 배우를 염두에 두고 쓰셨으니까 당연히 최우식 배우한테도 대본이 갔죠. 바라고 있었고요.

그 배우의 어떤 면을 닮은 캐릭터를 제안하는 것이 설레기도 했고 기대도 했지만, 한편으로는 답이 어떨지 모르겠다고 생각했어요. 〈기생충〉 다음 작품에 대해 고민이 많았을 테니까요. 비슷한 시기에 김다미 배우에게도 대본이 갔는데, 최우식 배우와 김다미 배우 둘 다 결정하기 전에 연출과 작가님을 한번 만나보고 싶다고 하더라고요. 대본을 읽고 나니까 작가와 감독이 어떤 마음으로 만들었는지 궁금하다면서요.

〈그해 우리는〉을 만든 사람이라고 하면 저는 항상 '최초의 3인'이라고 표현하는데 이나은 작가님과 한혜원 PD와 저, 이렇게 셋이서 스튜디오N 대표님과 함께 '숲 엔터테인먼트'에 가서 최우식 배우를 만나고, 같은 날 바로 이어서 '앤드마크'에 가서 김다미 배우를 만났죠.

저는 속으로 '최종 면접인가?' 생각했어요.(웃음)

○ **강PD** 축하드립니다, 두 차례나 면접에 성공하셨네요.(웃음)

● **김감독** 캐스팅을 어떻게 했느냐는 질문을 가끔 받는데, 잘 모르겠어요. 제가 누군가를 캐스팅했다기보다는, 그 배우와 매니지먼트가 '이 작품을 알아봤다'고 생각해요. 실제로 요즘은 그게 맞는 말이고요. 저희가 누군가와 하고 싶다고 꼭 성사되는 건 아니니까요. 이 작품을 알아봐준 게 고마웠죠. 신인 작가와 신인 감독이었기 때문에 기획만으로는 편성에 이르기가 어려웠거든요. 아무것도 보장되어 있지 않은 상황에서, 주목받는 배우들이 이 드라마를 선택한 것은 정말 작품 덕분이었다고 생각해요. 감사한 마음을 가지고 있습니다.

○ **강PD** '아름다운 순간'이라고 기록될 수 있을 만큼 드문 경우이긴 해요. 진짜 순수하게, 작품의 가치만 놓고 선택한 거잖아요, 이름값 떼고.

● **김감독** 이름값이 없었으니까요.(웃음)

○ **강PD** '이렇게 하면 성공할 거야', '이 배에 올라타면 잘될 거야' 이런 계산 없이 '이 이야기에 나를 한번 던져보겠다'는 결심들이 모이는 순간이랄까요. 이건 굉장히 드물어요. 드라마 산업의 특성상 그럴 수밖에 없지요. 하지만 여전히 이런 선택을 하는 분들이 있고, 이런 순간이 있다는 게 이 일의 낭만이자 매력인 것 같아요.

○ **장PD** 그렇게 보면 최우식, 김다미 두 배우가 참 대단하네요.

● **김감독** 작가님은 그때 4부까지 대본을 집필하셨으니까 글로 본인을 입증했다고 볼 수 있지만, 연출은 아무 것도 보여준 게 없는 상황이잖아요. 배우나 매니지먼트에서 "작품은 너무 좋은데 감독님이 신인인 게 부담스럽네요. 혹시 경력이 있는 감독님이 맡으실 수는 없나요?"라고 할 수도 있었어요. 그냥 질문처럼 보이지만, 사실 이 말 때문에 연출이 교체될 수도 있죠. 신인들을 믿어준 부분에 대해서, 배우들도 그렇지만 배우들이 함께하고 있는 소속사분들도 참 대단하다고 생각했어요.

박찬욱 감독이 <헤어질 결심>으로 칸 영화제 감독상을 수상한 후 MBC 라디오 <FM 영화음악 김세윤입니다>에 출연한 적이 있다. 청취자 한 명이 "감독님, 저희를 믿고 감독님의 그 소중한 취향의 세계를 끝까지 밀고 나가 보여주세요"라는 응원의 메시지를 보내왔는데, 박찬욱 감독의 대답이 이랬다. "저도 그러고 싶은데 적정한 선이 필요합니다. 제가 만드는 영화가 저예산으로 구현 가능한 세계가 아니어서 투자를 끌어내기 위한 뭔가가 필요하죠. 제가 동원할 수 있는 유일한 무기가 스타 캐스팅이고요. 연기를 잘하고 투자를 끌어낼 능력을 가진 스타들, 적어도 그들이 좋아할 정도의 각본은 써야 합니다."

연출자와 배우와 투자사의 관계가 어떤 것인지 짐작게 하는 말이었다. 박찬욱 감독이 본인의 취향을 밀고 나갈 한계선의 기준으로 배우를 꼽을 정도이니 작품에 대한 배우의 기여는 좋은 연기, 그 이상이리라. 배우가 때로 작품의 출발 여부를, 많은 경우 속도와 방향을 결정한다는 것을 생각하면, 더 많은 배우가 특별한 안목과 직업의식을 갖기를 관객으로서 응원하게 된다.

○ 장PD 이 드라마는 '교복 입은 로맨스'잖아요. 어찌 보면 판타지죠. 그런데 굉장히 현실적으로 느껴졌어요. 그 이유 중 하나가 저는 가난, 계급의 이야기를 드라마 안으로 가져왔기 때문이 아닐까 싶었어요. 가난을 다루면서 신경 쓰신 부분이 있는지 궁금해요.

● 김감독 로맨스의 '판타지'와 '현실'에 대해 먼저 말씀드릴게요. 캐스팅되고 나서 제가 덜컥 겁이 났다고 했잖아요. 캐스팅 이후에 겁이 났다기보다 그냥 즐겁게 놀이로 했던 것들을 실체화해야 한다는 것에 겁이 났던

것 같아요. 특히나 저는 나이가 마흔이 넘었는데, 열아홉에서 스물아홉까지, 작가님의 표현으로 '초여름'이라는 계절을 다루기에 너무 멀리 오지 않았는가. 설령 물리적으로는 아니라 하더라도 그 시절에 대한 이해도나 감각이 많이 무뎌지지 않았을까, 이들을 잘 표현할 수 있을까, 그런 걱정을 했어요. 작가님이 대본에 세계를 펼쳐서 보여주실 때는 저 또한 관객이었으니까 그냥 즐겁게 감상했는데, 이제 그 활자들을 일으켜 세워서 실체를 만들어야 하니 두려웠던 거죠. 그런데 6부 엔딩을 보면서 할 수 있겠다는 생각을 했어요.

○ **장PD** 6부 엔딩이 어떤 장면이었죠?

● **김감독** 웅이가 연수의 집 앞에 찾아가서 잘 지냈냐고 물어보는 장면요. "우리 이거 맞아?"라는 대사를 하죠. 그 엔딩을 보는데 지금 스물아홉인 사람들만 특별하게 경험하는 일은 아니라는 생각이 들었어요. 우리 모두에게 그런 순간이 있어요. 이나은 작가님이 지극히 평범한 보통의 문장들로, 누구에게나 있는 보편적인 순간을 황홀하게 만들어주시는 걸 보면서 '나 또한 그 시간을 지나왔다'는 감각이라고 할까요. 뭔가 모르게 세포가 활성화되는 느낌이 들었어요. 그러고 나니까 저한테

는 이 이야기가 판타지가 아니었어요. 10대가 '잘 이해할 수 없는 어떤 대상'으로 느껴지지도 않았고요. 제가 아는 현실의 범위 안으로 이 인물들이 들어오더라고요. 가난 이야기로 돌아오자면, 연수의 가난은 사실 그렇게 적나라하게 드러나지는 않았어요. 한 번 이미지로 전달되고 나면 연수의 배경에 그게 아른거릴 테니까, 더 설명하지 않아도 될 것 같았거든요. 대신 한 번 얘기할 때 확실하게 보여줄 필요는 있다고 생각했어요. 그래서 연수가 왜 헤어져야 했는지를 설명하기 위한 정도로만 묘사했죠. 여기까지는 얘기해줘야 그녀를 이해할 수 있겠다, 하는 지점까지요. 그녀가 어떤 결정을 내리는 배경 설명이라고 할까요. 작가님의 시선을 쭉 따라가다 보면 그 끝에 '스물네 살, 그 시절의 그녀'가 있어요. 웅이도 저도 작가님의 글을 통해서 연수를 이해하게 됐으니, 관객들에게도 '이해받았으면 좋겠다'는 마음 정도가 있었던 것 같아요.

○ 장PD 연수의 대사 중에 **"나는 제발 내가 감당할 수 있을 만큼만 가난했으면 좋겠어"**라는 말이 있는데, 여기에서 연수가 왜 웅이와 헤어져야 했는지 설명이 되더라고요. 감독님이 말씀하셨듯이 시청자들도 연수를 이해했을 것 같아요.

○ **강PD** 저는 드라마를 보면서 '생활형 판타지'라고 생각했어요. 특히 웅이 부모님을 보며 그런 생각이 들더라고요. 우리가 마음속에 그리고 있는 어른의 원형 같다는 느낌요. 그분들의 존재가 보여주는 건 사실 '마을'이잖아요. 그래서 지웅이도 안아줄 수 있고, 아들의 헤어진 여자친구인 연수도 안아줄 수 있고. 사실은 웅이도 혈연으로 맺어진 아들이 아니지만 그것이 이들의 관계에 크게 상관이 없고요. 우리가 꿈꾸는 가장 이상적인 '어른'의 모습, 혹은 '마을'이나 '사회'의 모습 아닌가요? 그런 게 이 드라마 곳곳에서 보여요. 우리 안에 있는 모습 중에서 가장 좋은 걸 끌어내면 이럴 수도 있겠다는, 조금만 노력하면 잡을 수 있을 것 같은 '한 스푼의 판타지'요.

● **김감독** 딱 맞게 표현해주신 것 같아요. 웅이 부모님은 확실히 이상에 가까운 모습을 가지고 있어요. 한편으로는 '판타지'라고 느낄 만한 요인 중 하나가 이런 부분 같아요. 이 드라마는 스물아홉인 인물들이 열아홉의 시간, 20대의 시간들을 기억하는 이야기인데, 사실은 기억 자체가 판타지인 경우가 많잖아요. 실제로 대본에는 열아홉 살 때의 웅이와 연수가 서로를 보며 환하게 웃는 장면이 없었어요. 수돗가에서 물 뿌리는 신, 피구 신, 도서관에서 책으로 장난치는 신은 이런 장면이 있으면 좋겠다 싶어서 현장에서 만든 거고요. 사실 두 사람의

그냥 즐겁게 감상했는데,
이제 그 활자들을
일으켜 세워서 실체를 만들어야 하니
두려웠던 거죠.

연애 기간 중에 마냥 즐거운 순간들은 거의 없어요. 그럼에도 불구하고 과거는 돌아보면 좋게 느껴지죠. 기억의 속성 자체가 그러니까요. 지금의 내가 과거를 끌어당기는 작업은 이미 그 자체로 판타지이지만, 우리 모두에게 있을 법한 기억이기 때문에 '이해 가능한 판타지'라고 생각했고 그래서 '좀 더 예뻐도 되겠구나' 생각했어요.

○ **강PD** 그런 의미에서 늦여름에 와 있는 우리가 초여름을 가장 아름답게 그릴 수 있는 거라는 생각도 들어요. 아까 김윤진 감독님이 '내가 지금 이 감성을 잘 표현할 수 있을까?' 걱정했다고 하셨지만, 어찌 보면 그 시기를 가장 아름답게 추억할 수 있는 나이일 거예요. 그 시절을 살고 있을 때는 너무 치열하고, 이게 전부인 것만 같고, 내리쬐는 햇살도 견디지 못할 만큼 힘들기도 하잖아요.

● **김감독** 이건 좀 개인적인 이야기인데, 제가 살면서 너무나 감사하다고 생각하는 게 있어요. 스물한 살 때 신촌의 어느 길바닥에서 '아마도 내가 서른, 마흔, 쉰이 되어도 돌이켜볼 때 가장 좋은 순간은 신촌 길바닥에서 아무것도 하지 않고 있는 지금 이 무렵의 어느 날일 것 같아'라고 생각했거든요. 그때도 '이 생각을 지금 할 수 있는 게 너무 고마울 것 같아'라고 생각했는데, 실제로

여전히 그래요.

○ **강PD** 웅이의 감성이네요.(웃음)

● **김감독** 그래서 저는 서른 살에 입사를 했습니다, 졸업을 끝까지 미루고.(웃음)

▶▷▶

○ **장PD** 사전 질문지에서 드라마감독으로서 본인의 강점이 뭐라고 생각하는지 여쭤봤는데, '잘 들어주는 일. 경청'이라고 하셨어요.

● **김감독** 배우나 스태프들의 이야기를 잘 듣는 편이에요. 왜냐하면 저는 연출로서 그릇이 큰 사람이 아니라서, 주변에 정말 좋은 능력자들이 같이 있어야 그나마 작품을 잘할 수 있다고 생각하거든요. 혼자서 다 끌고 갈 수 있는 사람이 애초에 아니기 때문에, 많이 묻고 들으려고 하죠. 물론 다 듣고, 제 생각대로 하는 경우도 있지만요.(웃음)

○ **장PD** 드라마감독에게 가장 중요한 덕목으로 '조율하는 능력'을 꼽으셨는데, 들어주는 일과 비슷한 맥락일까요?

● **김감독** 이건 좀 정치적인 이야기이기도 하고, 내면에 대한 이야기이기도 한데요. 어떤 것을 가져오기 위해

무언가를 해야 한다는 내적인 판단, 그러니까 내 안에서의 조율도 중요한 것 같아요. 한 단어로 얘기하려니까 '조율'이 됐는데, 사실 '똑똑해야 한다'는 말이었어요. 저는 여기에 대해서 자괴감이 좀 많고요.

○ 장PD 협상이랑 비슷한 의미인가요? 무엇을 얻기 위해 무엇을 내려놓아야 할지 판단하는 일?

● 김감독 협상도 포함되어 있죠. 100명이 넘는 배우, 스태프들과 함께 일하다보면 정말 많은 경우의 수가 발생하니까 거기서 뭘 선택할지 판단해야 하는데, 그 판단을 개인적인 생각만으로 할 수는 없거든요. 제작사, 스태프, 배우들, 매니지먼트, 방송국, 혹은 관객들까지, 이 사이에서 조율을 참 잘해야 하는구나 생각하고 있죠. 그동안 제가 지켜봤던 선배 중에서 그런 걸 잘하시는 분들이 있어요. 제가 가장 많은 작품을 같이 했던 안길호 감독님(〈비밀의 숲〉, 〈알함브라 궁전의 추억〉, 〈더 글로리〉 등 연출)이나 유인식 감독님(〈자이언트〉, 〈낭만닥터 김사부〉 등 연출) 모두 굉장히 존경스러웠어요. 같이 작품을 하지는 않았지만 김규태 감독님(〈괜찮아 사랑이야〉, 〈우리들의 블루스〉 등 연출)도 많은 가르침을 주셨고요. 이런 분들을 보며, 진짜 연출을 잘한다는 게 이런 거구나 생각해요. '콘

티가 좋다' 이런 차원이 아니에요. 현명하게, 모두가 인정할 만하게, 그러면서 현장 분위기도 좋게 끌고 가시죠. 그분들이 어떻게 하는지 계속 지켜보면서 배우고 싶어요.

김윤진 감독의 이야기 중 마치 드라마의 한 장면처럼 느껴지는 말이 있었다. 스물한 살 때 신촌의 어느 길바닥에서 '나중에 돌아보면 가장 좋은 순간은 지금이겠구나' 생각했다는 이야기. 그리하여 이 만남을 청하게 했던 궁금증, '이런 드라마를 만드는 감독은 어떤 사람일까?'라는 질문에 답을 찾았다. '좋음을 알아볼 줄 아는 사람'.

'좋은 시간'을 지나고 있을 때 '지금이구나!' 깨닫는 일은 생각보다 쉽지 않다. 10년 전이나 10년 뒤가 아니라 오늘이 좋은 날이라고, 이 글을 읽고 있는 당신도 나도 별로 생각하지 않는다는 게 증거이다. 그럴듯한 성과를 손에 쥔 다음이 아니라 아무것도 하지 않고 있는 청춘의 어느 날에 '지금의 좋음'을 깨달았다는 게 김윤진 감독의 특별한 면모로 느껴진다. 멋진 배우들을 섭외했다거나 첫 장편 연출작을 성공작으로 만들었다는 사실보다 어쩌면 조금 더.

Mnet

스트릿 우먼 파이터
스트릿 댄스 걸스 파이터

Mnet

스트릿 우먼 파이터
스트릿 댄스 걸스 파이터

Produced by

최정남PD
김나연PD

경험들이
가지를 뻗어 자랄 때
일어나는 일

Interviewed by 장PD(장수연), 항PD(허항)
Date 2021.12.10

출처: Mnet

출처: Mnet

▷ 스트릿 우먼 파이터, 스트릿 댄스 걸스 파이터

2021년 8월 24일부터 10월 26일까지 Mnet에서 방송된 <스트릿 우먼 파이터>는 여덟 팀의 여성 댄스 크루들이 주어진 미션을 수행하며 승패를 가르는 서바이벌 프로그램이었다. 댄서를 '가수의 뒤에서 춤을 추는 사람'으로만 생각했던 대중들에게 '스트릿 댄서 신'에 대해 알리며 춤 신드롬을 일으켰고, 그해 9월과 10월 비드라마 TV 화제성 부문에서 1위를 기록했다(TV 화제성 분석기관 굿데이터코퍼레이션 집계). <스트릿 우먼 파이터>가 큰 인기를 끌자 Mnet은 발 빠르게 <스트릿 댄스 걸스 파이터>라는 스핀오프 프로그램을 제작했다. 2021년 11월 30일부터 2022년 1월 4일까지 방영된 <스트릿 댄스 걸스 파이터>는 대한민국 최고의 여고생 댄스 크루를 선발하는 내용으로, <스트릿 우먼 파이터>의 댄서들이 마스터로 출연해 '다음 세대 댄서'의 탄생에 힘을 보탰다.

● 최정남PD, 김나연PD

<스트릿 우먼 파이터>를 연출한 최정남PD와 <스트릿 댄스 걸스 파이터>를 연출한 김나연PD는 각각 2010년과 2015년 Mnet에 입사한 선후배 사이로, <댄싱9>, <힛 더 스테이지>, <썸바디> 등 Mnet의 댄스 프로그램을 오랫동안 함께 제작해왔다. 인터뷰에서 최PD는 김나연PD를 'Mnet에서 제일 일을 잘한다고 생각하는 후배이자 존경하는 동료'라고, 김PD는 최정남PD를 '가장 많은 것을 가르쳐준 선배'라고 표현했다.

‘카메라를 향한다’거나 ‘카메라에 담는다’는 표현은 지나치게 온화하다. 무언가를 ‘찍는’ 일이 얼마나 적극적인 취사선택의 행위인지 알면 누구나 동의할 것이다. 카메라는 대상을 응시하는 눈이 아니라 채집하는 손에 가깝다. 그러니 ‘들이댄다’는 동사가 어울린다. 프로그램을 기획하는 첫 단계는 어디에 카메라를 들이댈 것인지 결정하는 일이다. 그것은 마치, 커다란 지도에서 나는 이곳을 탐험하겠노라고 작은 네모를 오려내는 것과 비슷하다. 2021년 대한민국은 최정남PD가 선택한 앵글에 열광했다. 그는 무대 위의 가수 옆, 춤추는 사람에게 카메라를 들이댔다.

주인공을 카메라 앞으로 데려오는 것도 PD의 중요한 능력이지만 주인공을 직접 찾아내거나 만들어내는 능력에 비할 바가 아니다. 최PD는 <스트릿 우먼 파이터> 이전엔 아무도 몰랐던 사람들을 찾아내 주인공으로 만들어버렸다. 도대체 어디서 저런 멋진 사람들을 발견한 건지, 여성 스트릿 댄서들에게 이토록 치열하고 풍성한 이야기가 있다는 걸 어떻게 알았는지 궁금한 게 나만은 아니었을 것이다.

○ 장PD <스트릿 우먼 파이터>(이하 <스우파>)가 종영한 이후에도 프로그램을 향한 열기가 뜨거워요. <프로듀스 101>이나 <쇼미더머니> 때와 비슷한 온도 같아서, Mnet에서 또 하나 대단한 프로그램이 나왔구나 싶습니다. <스우파>가 이렇게 잘된 이유가 뭘까요? 물론 연출을 잘해서였겠지만.(웃음)

● 최PD 프로그램을 기획할 땐 사실 이 정도로 사랑받을 줄 몰랐어요. 아직도 신기해요. 노래에 비해 춤은 매력을 느끼기에 문턱이 높거든요. 그런데 케이팝이 글로벌 트렌드가 되면서 퍼포먼스에 대한 대중들의 친숙도가 높아진 것 같아요. 코로나 때문에 다들 움츠러든 상태여서 댄서들의 무대가 속 시원한 감정도 준 것 같고요. 무엇보다 댄서 한 분 한 분이 솔직하고 진지하게 프로그램에 임해줬던 게 시청자들에게 매력 포인트가 되지 않았나 싶어요.

○ 항PD 기존에 대중이 관심을 보이지 않던 소재로 프로그램을 만들어서 띄웠다는 게 대단하게 느껴져요. <스우파> 전까지 댄서는 그냥 가수 옆에 당연히 있는 '배경' 같은 존재였잖아요. 그런 사람들을 주인공으로 세웠고, 나아가 시청자들이 춤 자체에도 관심을 갖게 했어요. 프로그램을 만드는 사람이라면 제일 부러운 부분이 아닐까 싶어요. 관심사를 만들어내고, 시선의 방향을 옮겨놓았다는 점에서요.

○ 장PD 대중들이 이 정도로 열광하는 건 이 프로그램이 뭔가를 건드린 건데, 두 분은 그게 뭐라고 보시는지 궁금해요.

● 김PD 자신의 캐릭터나 의견을 드러내는 데 주저하지 않는 세대가 트렌드를 이끌고 있잖아요. 댄서들이 그런 모습을 가감 없이 카메라 앞에서 보여준 것 같고, 그걸 잘 살린 최PD님의 연출력이 빛을 발하지 않았나 싶어요.(웃음)

○ 장PD 허항PD님은 어떻게 생각해요?

○ 항PD 제가 연출하고 있는 <나 혼자 산다>라는 프로그램에 허니제이 님이 출연했는데요. 그분을 보며 느낀 건 댄서들의 인생에 스토리가 있다는 점이었어요. 우리나라에서 댄서는 가수만큼 노력에 대한 보상을 받지 못하는 경우가 많잖아요. 그런 분야에 젊은 시절을 바친 열정이 인터뷰, 대화, 춤 동작 하나하나에 보였던 것 같아요. 저는 예능 프로그램의 심장은 에너지라고 생각하거든요. 프로그램을 볼 때 내가 충전되는 느낌, 기분이 좋아지고 힐링되는 느낌이 있어야 하는데, 에너지 면에서 <스우파>는 이제까지 봤던 모든 프로그램 중 최고였다고 봐요. 댄서들이 가진 스토리를 최정남PD님이 정말 잘 표현하신 것 같아요.

○ 장PD 댄서들한테 이런 이야기가 있다는 걸 어떻게 알게 되었는지 궁금해요.

● 최PD 〈힛 더 스테이지〉라고, 아이돌 가수와 댄서들

이 같이 출연하는 프로그램을 연출할 때 스트릿 댄서 신에 대해 많이 알게 됐어요. 허니제이, 효진초이 씨도 그때 만났고요. 춤 프로그램을 계속 해왔기 때문에 자연스럽게 댄서 신에 대한 이야기도 듣고, 관심도 많이 가졌던 것 같아요.

● **김PD** 최PD님과 제작진이 사전작업을 많이 하셨어요. 자료조사나 크루들 미팅도 많이 했고요. 〈스우파〉만 본 분들은 잘 모르시겠지만, 최정남PD님은 〈댄싱9〉, 〈힛 더 스테이지〉, 〈썸바디〉까지 계속 춤과 관련된 프로그램을 만들어오셨어요. 그렇게 쌓여온 데이터베이스가 〈스우파〉에서 정점을 찍은 게 아닌가 싶어요.

○ **장PD** 최PD님이 처음 했던 춤 관련 프로그램은 뭐예요?

● **최PD** 〈댄싱9〉요.

○ **장PD** <댄싱9>은 처음에 어떻게 연출하게 된 건가요?

● **최PD** 〈댄싱9〉은 선배가 연출했던 프로그램이에요. 제가 〈슈퍼스타K〉 시즌1부터 시즌4까지 조연출을 했는데, 선배님이 춤 프로그램을 같이 해보자고 말씀하셨어요. '그래, 노래도 지겹지' 이런 마음도 살짝 있었고, '해외에서는 〈유 캔 댄스〉■가 시청률이 잘 나온다는데 우리나라에서도 잘될 수 있지 않을까?'라는 생각도 있

였고요. 무엇보다 기획을 정말 잘하는 선배였기 때문에 같이하게 됐죠. 그때 김나연PD님과 처음 만났고요.

○ **장PD** 그러면 춤과 처음 인연을 맺은 건 우연이었네요? 어떻게 보면 인사 배치일 뿐이었잖아요.(웃음)

● **최PD** 네, 맞아요!

○ **장PD** 첫 시작은 우연이었지만 계속 춤 프로그램을 만들었던 건 그만큼 춤에 매력을 느꼈기 때문일까요?

● **최PD** 〈댄싱9〉을 하면서 좀 재미있었던 것 같아요. 보컬 서바이벌인 〈슈퍼스타K〉도 물론 화제가 됐지만, 몸을 쓰는 장르인 춤은 정말, 댄서들에게서 뭔가 다른 게 느껴지더라고요.

● **김PD** 저도 춤을 추는 사람들을 직접 본 건 〈댄싱9〉때가 처음이었는데, 댄서들은 자존감과 자신감이 있어서인지 자신을 표현하는 데에 굉장히 솔직하더라고요. 그때만 해도 춤이라는 장르가 생소해서 '나도 춤을 춰볼까?'보다는 '어떻게 몸을 저렇게 쓰지?' 하는 반응이 많았어요. 대리만족이라고 할까요.

■ <유 캔 댄스> : 미국 FOX사에서 방영했던 댄스 오디션 프로그램. 2005년 첫 시즌이 방송됐고 이후 시즌16까지 이어질 정도로 흥행했다.

○ 장PD 몸을 자유자재로 쓴다는 점도 그렇지만, 댄서들의 삶 자체에서도 시청자들이 대리만족을 느끼는 것 같아요. 자기가 좋아하고 원하는 길을 우직하게, 10년 혹은 그 이상 걸어온 분들이잖아요. 다른 사람의 시선이 어떻든, 누가 뭐라고 말하든 개의치 않고요. 제가 그렇게 살지 못해서인지, 그런 삶을 보는 것 자체로 희열이 느껴져요.

○ 항PD 자존감이 참 강한 분들 같아요. 편견이나 차별도 있었을 것이고 가까운 사람들이 반대했을 수도 있는데 '나를 믿는 마음'이 그 모든 것들보다 강했던 거니까요. 이분들은 <스우파>에 출연하지 않았거나 혹은 이 프로그램이 설령 잘 안됐더라도, 지금까지 그래온 것처럼 계속 춤을 췄을 것 같아요. '나는 내 삶을 살고 있어!'라는 태도, 그렇게 살아온 시간에서 뿜어져 나오는 에너지가 대단했어요.

● 김PD 말씀하신 것처럼 끝까지 춤을 췄을 분들이지만, 한편으로는 이런 고민을 갖고 계셨어요. '내가 몸담은 이 신을 어떻게 하면 더 잘되게 할 수 있을까? 어떻게 하면 더 부흥시킬까?' 그래서 <스우파>를 기회로 생각하셨던 게 아닌가 싶어요.

● 최PD 프로그램을 기획하면서 오랜만에 허니제이 님을 만났는데, 코로나로 무대가 많이 없어져서 너무 힘들었다고, 춤을 그만 출까도 생각했다고 하셨어요. 이분이 이렇게 이야기할 정도면, 정말 힘들었구나 싶었

죠. 투잡을 하는 댄서분들이 많아요. 가비 님은 속눈썹을 팔고, 간호사로 일하는 분도 있고요. 본인이 좋아하는 일을 업으로 삼기 위해 그렇게 한다는 게 참 대단해요.

○ **장PD** 이 프로그램이 다른 오디션 프로그램과 다르게 느껴진 지점 중 하나가 소위 '사연팔이'라고 하는, 참가자들의 '인생 뒷이야기'를 다루는 자료화면이 없다는 점 같아요. 오디션 프로그램에는 참가자의 고향을 찾아가거나 가족들을 인터뷰하는 장면이 흔하게 등장하는데 〈스우파〉에는 그게 없었잖아요. 예리 씨의 청각장애 이야기가 처음 등장하는 게 6회더라고요. 너무 놀라웠어요. 이걸 어떻게 6회까지 참을 수가 있죠?(웃음) 아이키 씨의 엄마로서의 이야기도 사실 '뽑으려면' 얼마든지 '뽑을' 수 있는 소재인데, 그걸 끝까지 안 하고 프로그램을 종영하더라고요. 연출자가 존경스러워지는 지점이었어요. 특별한 의도가 있었나요?

● **최PD** 실력 하나만 가지고 잘 싸울 수 있다면, 다른 건 필요하지 않다고 생각했어요. 그러지 않아도 충분히 치열하게, 춤으로 자신을 보여줄 수 있는 분들이니까요.

○ **장PD** 프로그램이 정말 깔끔해서, 댄서들의 캐릭터와 이 프로그램 자체가 닮았다고 느꼈어요. 연출자로서 정말 용기가 필요한 선택이었을 것 같아요.

○ **항PD** '사연'이 오디션 장르에서 흔한 화법이긴 하지만, 사연으로

실력 하나만 가지고
잘 싸울 수 있다면,
다른 건 필요하지 않다고
생각했어요.

화제가 된 출연자는 가수로서 생명력이 길지 않은 경우가 많은 것 같아요. 프로그램은 이슈가 될지 모르지만, 출연자의 '가수로서의 커리어'에 꼭 도움이 되는 건 아닌 거죠. 그런데 <스우파>는 춤 실력만으로 화제를 일으켰기 때문에, 수많은 덕후가 방송에서 보여주지 않은 사연들을 알아서 파헤쳤어요. 이 댄서가 옛날에 어땠고 지금은 어떤지, 과거 영상들을 찾아내서 공유하고 있어요. 정보는 이미 유튜브에 풍부하니까요.

○ **장PD** 이 프로그램을 기획하게 된 과정을 구체적으로 듣고 싶어요. 여성 댄서 크루가 배틀을 하는 프로그램, 어떻게 생각하신 건가요?

● **최PD** 〈캡틴〉이라고, 가수를 꿈꾸는 10대와 그 부모가 함께 출연하는 오디션 프로그램을 김나연PD님과 같이 제작했어요. 프로그램이 끝나고 한 달 정도 쉬면서 다음 작품을 고민했는데, 예전 파일들을 뒤적이다가 여성 댄서들이 출연하는 프로그램의 기획안을 써놓았던 걸 발견했어요. 그때는 '하면 할 수 있겠다, 프로그램은 되겠다' 정도의 생각이었는데, 다시 기획안을 꺼냈을 땐 이걸 한번 해보자는 마음이 들었죠.

〈캡틴〉은 화제성이 부족했으니 이번에는 화제가 좀 되

면 좋겠다는 바람이 있었어요. 〈캡틴〉을 같이 했던 작가님이랑 한 달 동안 고민하면서 큰 틀을 짜고, 4월부터 킥오프 사무국을 꾸려서 작가님, PD님들이랑 구체적으로 회의하고, 6월 말쯤에 첫 촬영을 해서 8월 말에 론칭했어요.

'여성 댄서'라는 한쪽 성(性)을 선택했던 것은, 대중들이 누가 잘하고 못하는지 쉽게 판단하게 하기 위해서였어요. 노래에 비해 춤은 그런 판단이 어려운데, 성별까지 섞이면 더 어려울 것 같았거든요. 이건 제가 서바이벌 프로그램, 오디션 프로그램을 오래 해오면서 알게 된 부분이에요. 여성들의 신이 확립되어 있는 장르가 스트릿 댄스이고, 스트릿 댄스에는 크루들이 있고⋯. 그렇게 제가 경험했고 알고 있는 것들을 붙여간 거죠.

○ **장PD** 팬덤을 만들고 화제를 일으키기에는, 여성 팬을 모으기 쉬운 남성 댄서들이 더 유리할 거라는 생각이 언뜻 들거든요. 여성 댄서들로 프로그램을 기획했던 이유가 궁금해요.

● **최PD** 사실 그런 고민도 있었어요. 제가 메인 작가님에게 댄서들에게도 팬덤이 생기면 좋겠다고 했더니 작가님이 "그럼 남성 댄서로 하면 어때요?" 하셨거든요. 그런데 저는 당시에, 그냥 왠지⋯ 여성 댄서들의 매력

을 보여주고 싶은 마음이 컸어요. 대중들에게 조금 더 빨리, 진실된 무언가를 보여줄 수 있을 것 같았어요.

▶ ▷ ▶

최정남PD가 <스우파> 이전에 연출했던 춤 관련 프로그램이 몇 개인지 세어봤다. <댄싱9>시즌1(2013), <댄싱9>시즌2(2014), <댄싱9>시즌3(2015), <힛 더 스테이지>(2016), <썸바디>(2018), <캡틴>(2020).

<스우파>는 <댄싱9>으로부터 9년 후에 만든 일곱 번째 프로그램이다. 이것이 "여성 스트릿 댄서라는 소재를 어떻게 찾아내셨어요?"라는 질문에 대한 답 아닐까. 어쩌면 인터뷰에서 던지는 대부분의 질문에 답이 될지도 모른다. 최정남PD가 처음 춤 프로그램에 발을 담근 건 지극히 우연이었지만, 이토록 일관되게 한 장르의 프로그램으로 커리어를 이어가는 건 우연만으로 불가능하다. 자신이 경험한 것, 경험을 통해 알게 된 것들을 가지처럼 뻗어나간 것이 <스우파>의 기획 과정이었다. 한 우물을 파는 것만이 성공의 공식은 아니겠으나 무언가를 경험하고 깊이 알게 되는 데에는 역시, 시간이 필요한 법이다.

▶▷▶

○ 항PD <스우파>에 이어서 <스트릿 댄스 걸스 파이터>(이하 <스걸파>)를 론칭한 것도 신선했어요. 각종 온라인 커뮤니티에서도 <스우파>가 잘됐으니 이제 '스맨파'를 할 거라는 예상이 압도적이었거든요.

● 김PD 〈스우파〉의 흐름을 타려면 댄서들을 '이어나갈' 사람들이 필요하다고 생각했어요. 그런 사람들이 있을 것 같았고요. 유튜브와 릴스를 살펴봤는데 10대들의 댄스 콘텐츠가 많더라고요. 짧은 클립들만 봐도 끼가 대단해 보여서 이 친구들을 소환해보면 어떨까 싶었어요. 너무 어린 친구들은 춤 실력이 부족할 수도 있으니까 성인이 막 되어가는 고등학생이면 좋겠다고 생각했고요.

○ 장PD <스걸파> 첫 화를 보는데, 왜 '스맨파'가 아니라 '스걸파'였는지 설명이 다 되는 것 같았어요. 10대들이다보니 <스우파>의 댄서들보다 모든 면에서 진폭이 큰 거예요. 감정이 가장 진한 시기잖아요. 좋아하는 것도 너무 좋아하고, 흥분도 더 세게 하고, 눈물도 1회에 벌써 터지고요. 그 모든 감정이 순도 높은 진심인 게 보여서 <스우파>를 이어갈 수 있는 건 <스걸파>구나, 바로 수긍이 되더라고요.

● 김PD 〈스걸파〉를 기획할 때 제일 연출하고 싶었던

장면이, 10대 댄서들이 〈스우파〉의 댄서들을 만나는 거였어요. 이 친구들이 진짜 자지러지겠구나 싶었거든요.

● **최PD** 댄서들에게 '마스터'라는 이름으로 리더의 역할을 준 것도 좋았죠.

● **김PD** 〈스우파〉가 끝나면 댄서들의 예능적인 캐릭터는 다른 프로그램에서 분명히 많이 나갈 거라고 예상했거든요. 〈아는 형님〉, 〈문명특급〉 등등 실제로 여러 예능에 출연하셨잖아요. 그 제작진들이 워낙 전문가니까 우리까지 예능적으로 풀 필요는 없을 것 같았어요. 대신 이들이 본인을 이어나갈 친구들을 자신만의 시선으로 봐주면 좀 다른 그림을 볼 수 있겠다, 플레이어로서 싸웠을 때와 다른 모습을 보여줄 수 있겠다 싶었어요.

○ **장PD** 〈스우파〉에서는 댄서들이 서로 배틀을 하고 심사평을 듣는 입장이었지만, 사실 이분들이 최고의 춤 전문가잖아요. 일주일 전까지 평가받던 사람들이 이번 주에는 평가하는 모습으로 바뀐 게, 댄스 신 특유의 자유롭고 평등한 분위기가 단박에 전해지는 전환이었던 것 같아요. 이를테면 〈스걸파〉 1회에서 한 여고생 댄서가 제시의 랩을 활용해서 "니들이 왜 나를 판단해!"라고 내지르는데, 너무 좋아서 소름이 돋더라고요. 마스터인 댄서들도 환호하면서 좋아하는 게 보였고요.

○ **항PD** 프로그램이 종영한 뒤에도 인상적인 장면들이 '명장면', '명대사'라는 해시태그를 달고 SNS에 공유되고 있어요. PD님한테 가장 기억에 남는 장면은 뭔가요?

● **최PD** 배틀 장면요. 사실 배틀을 구성에 넣으면서, 보는 분들이 '쟤네 뭐 하는 거지?'라고 생각할까봐 걱정했어요. 연예인이 아닌 댄서이니까 시청자 입장에서는 모르는 사람일 수 있잖아요. 처음 보는 두 사람이 춤으로 싸우는 걸 보는 게, 점수가 어떻게 나는지 규칙도 모르는 생소한 스포츠를 보는 느낌일 수 있거든요.

예전에 타 방송에서 비보이 배틀 프로그램을 방영한 적이 있었는데, 아무래도 비보잉에는 기술이 많으니까 저는 좀 어렵더라고요. 어떻게 해야 대중에게 '춤 배틀'이 쉽게 느껴질 수 있을까, 배틀로 승패가 갈리는 걸 직관적으로 보여줄 방법이 뭘까 많이 고민해서, 저는 이 프로그램을 생각하면 배틀 장면들이 계속 떠올라요.

○ **장PD** 프로그램을 보면서 '와, 이 상황 너무 잔인하다!' 했었는데, 그 잔인한 룰을 세팅하신 분이 PD님이시잖아요?(웃음)

● **최PD** 제가 눈물이 많은데, 촬영 현장에서 배틀마다

울었어요. '처절하게 최선을 다했고, 내가 이 승패를 받아들이겠다' 하는 그 모습들이 정말 성숙해 보였고 멋있었어요. 시청자들도 그걸 알아서 이긴 사람에게만 집중하지 않았어요. '패했지만 저 사람이 얼마나 열심히 싸웠는지를 알아'라고 인정하고 좋게 봐주시니까, 주인공이 꼭 한 명이 아니었던 거죠.

○ 항PD 저는 첫 회에서 풀샷으로 사각 링이 잡히는 장면을 보고 '대박이다!' 싶었어요. '스트리트 파이터'는 너무 유명해서, 게임을 해본 적이 없더라도 그 세팅은 전 국민이 알잖아요. <스우파>는 그 세트를 연상케 했는데, 1층과 2층 공간 전체가 다 춤추는 사람들로 채워졌어요. 댄서들끼리 '너도 한번 춰봐', '너도 잘하는 것 한번 보여줘봐' 하면서 서로 독려하는 느낌이더라고요. 언뜻 보면 차가운 배틀이지만 풀샷으로 보면 결국 서로를 응원하는 그림이라 한판의 잔치 같기도 하고 쇼 같기도 한, 정말 어디서 돈 주고도 못 볼 공연을 보는 듯했어요. 만약에 무대 위에 심사위원들이 쭉 앉아 있고, 댄서들이 한 명씩 올라와서 춤을 추는 방식이었다면 지금처럼 매력적이지 않았을 것 같아요. <스우파>의 세트와 진행 방식은 회의 과정에서 발전시킨 건가요 아니면 예전부터 PD님의 머릿속에 있던 그림인가요?

● 최PD 저는 시뮬레이션을 정말 많이 해요. 말이나 상상으로만이 아니라, 진짜로 제작진끼리 배틀을 해봤어

시뮬레이션을 정말 많이 해요.
말이나 상상으로만이 아니라,
직접 해보면서 이게
진짜 '될지' 보는 거죠.

요. 이런 세트면 어떨까, 이런 룰이면 어떨까, 저희가 직접 해보면서 이게 진짜 '될지' 보는 거죠. 모든 제작진이 역할을 맡아서 크루를 짰고, DJ도 불렀어요. 촬영도 했고요. 이게 저희가 일하는 방식이에요. 그림이 안 그려지면 저는 좀 어렵더라고요.

○ **장PD**   회의 시간이 굉장히 길겠네요.

● **최PD**   보통 점심 먹고 회의를 시작하는데, 깊게 빠지면 밤 12시가 넘기도 해요. 사실 예전에는 더 오래 했는데, 이번에 같이 일한 메인 작가님한테 배운 게 있어요. 딱 부러지지 않는 건 오래 갖고 있지 말자는 게 작가님의 생각이거든요. 어차피 더 앉아 있어봐야 답 안 나오는 문제인데도, 예전에는 뭔가 최선을 다하지 않은 것 같다는 느낌 때문에 계속 붙잡고 있었어요.

● **김PD**   최정남PD님은 프로그램에 대한 애정이 정말 강하셔서, 프로그램에만 빠져 사세요. 캐스팅부터 구성까지 뭐 하나 허투루 하지 않으시죠. 솔직히 말하면 그래서 같이 일하는 팀원들이 좀 힘들 수 있어요. PD가 그렇게 몰입해 있으면 팀원들도 같이 따라가야 하니까요. 저는 어릴 때부터 정남 선배가 프로그램을 만드는 과정을 보면서 정말 많이 배웠어요.

● **최PD** 저를 좋아하는 후배가 많지 않은 것 같아요.(웃음)

▶▷▶

○ **장PD** 프로그램을 하면서 제일 힘들었던 때가 언제였어요?

● **최PD** 초반에 촬영을 몰아서 했던 게 좀 힘들었어요. 1회가 방송되기 전에 이미 5회 메가크루 미션까지 촬영이 끝나 있었거든요. 6월 말부터 7월 초까지 촬영을 달리다보니까 제작진이 피로감을 많이 느꼈는데, 그때가 고비였던 것 같아요.

○ **항PD** 스태프들이 지쳐 있을 때는 어떻게 하세요? <스우파>의 여덟 리더 중에 최PD님은 어떤 스타일인지 궁금해요.

● **최PD** 여덟 리더의 리더십이 주목을 받다보니까 저도 '나는 어떤 리더일까' 생각하게 되더라고요. 이전까지는 '프로그램을 책임지는 자리'라고만 생각했거든요. 저희 메인 작가님은 저에게 "PD님은 하고 싶은 게 생기면 앞만 보고 가시잖아요"라고 해요. 이 프로그램을 하면서 그러지 말아야겠다는 생각을 많이 했어요. 친한 선배도 "너는 이제 협업만 하면 되겠다"라고 하시더라

고요.(웃음)

○ **항PD** 사람이 체력적으로 한계에 부딪치거나 상황이 너무 몰리게 되면 협업이 잘 안되는 것 같아요. 해야 할 일들을 바쁘게 처리했는데, 돌아보면 누군가 내 말에 상처받아 있기도 하고요.

● **최PD** 맞아요. 모니카, 허니제이, 리정 등등 모든 리더가 각자 자기 팀을 이끄는데, 저도 〈스우파〉의 제작진이라는 팀을 이끄는 거라고 생각했어요. 모두가 행복하게, 만족감을 느끼면서 프로그램을 만드는 게 우리가 가고 싶은 방향인데 그러진 못했죠. 다음 프로그램을 할 때는 좀 더 잘할 수 있을까, 더 성숙한 리더가 될 수 있을까, 이런 생각을 많이 해요.

○ **항PD** 저는 허니제이 씨의 인터뷰가 기억나요. 우여곡절 끝에 1승을 거둔 날이었는데, 그 과정을 말하면서 '이제까지 내가 온 길이 부정당하는 느낌이었다'라고 하거든요. PD 생활을 하다보면 가끔 그런 순간이 있잖아요. '나름대로 한다고 했는데, 열심히 살아온 것 같은데, 왜 상황이 이렇게 됐지?' 제가 그런 생각에 빠져 있던 날이었는데, 톱클래스 댄서도 '내 길이 틀린 건가?'라는 고민을 할 수도 있다는 게 묘하게 위로가 되더라고요.

○ **장PD** 모니카 씨가 '맨 오브 우먼' 미션이 끝나고 "내가 지금 가람이한테 무슨 짓을 하고 있는 건가,라는 생각이 들었다"면서 울었거든요.

어떤 날은 리정 씨도 "내가 리더 할 자격이 있나?"라고 했고요. 리더들의 그런 고민이 정말 위로가 되더라고요. 저렇게 흔들리면서 가는 거구나, 인생이 그런 거지, 생각하게 돼요. 누군가가 꼭 이기고 승리해야 재밌는 게 아니라, 조금은 어두운 이런 장면들도 참 좋더라고요.

○ 항PD 서바이벌 프로그램은 편집을 통해 '열심히 해온 사람이 이기는 서사'를 만들기 쉽잖아요. 그런데 <스우파>는 누가 승자이고 누가 패자인지 헷갈릴 정도로, 이긴 사람도 인정받지만 진 사람의 매력도 충분히 보여줬어요.

○ 장PD 투표 방식도 새로웠죠. 유튜브의 '좋아요' 수로 집계하자는 아이디어는 누가 떠올렸나요?

● 최PD 좀 쉽게 접근하면 좋겠다고 생각했어요. 다른 유명 플랫폼이나 투표 프로그램을 이용할 수도 있었지만, 대중이 춤 콘텐츠를 보는 건 유튜브니까 직관적으로 다가오는 유튜브의 '좋아요' 수를 활용했죠.

▶ ▷ ▶

○ 항PD Mnet은 시즌제로 많이 제작하잖아요. 노동 강도도 시즌제로 몰아칠 것 같아요.(웃음)

● 김PD 네, 정확해요.(웃음) 프로그램이 끝나면 진짜,

아무 생각도 하고 싶지가 않아요. 제가 원래는 그런 사람이 아니었는데, PD 일을 오래하면서 집에 혼자 있는 시간을 많이 갖게 됐어요. 워낙 많은 사람을 상대하는 일이어서 그런 것 같아요. 특히나 프로그램을 제작하는 기간에는 정신적으로, 정서적으로, 체력적으로 극한의 상황에 놓이죠.

○ **장PD** 그 시간을 어떻게 버티세요?

● **김PD** 그래서 같이 일하는 사람이 중요한 것 같아요. 일이 힘든 건 버틸 수 있는데, 사람들이 힘들게 하면 정말 견디기 어렵거든요. 처음에 팀을 꾸릴 때, 특히 단기간에 '달려야' 하는 프로그램일수록 신뢰하는 후배들에게 많이 부탁하죠.

○ **항PD** Mnet이라는 채널은 트렌드의 최전선에 위치해 있다는 이미지가 있어요. <쇼미더머니>, <프로듀스 101>, 이번에 <스우파>까지 계속해서 트렌드를 만들어왔잖아요. Mnet PD들은 트렌드에 좀 더 민감한 편인가요? '이게 먹힐 것 같다'라는 소스를 보통 어디에서 얻으세요?

● **최PD** 예전에는 해외 콘텐츠에서 레퍼런스를 찾으면서 포맷이나 소재에 영감을 얻기도 했는데, 최근에는 인터넷 커뮤니티를 많이 봐요. 10대, 20대들에게 요즘은 뭐가 재미있는지 자주 물어보고요.

○ **장PD** <스우파>처럼 '메가 히트'한 프로그램의 PD님들을 모실 때는 성공 비법이 뭔지 좀 듣고 싶어요. 대체 어떻게 그렇게 잘 만드신 건가요?(웃음)

● **최PD** 충분한 기획 기간이 주어지는 게 중요한 것 같아요. 내일 당장 무엇을 하지 않아도 되는 기간요. 그래야 일어날 수 있는 여러 상황을 상상하면서 시뮬레이션 해볼 수 있거든요. 그 시뮬레이션을 여러 제작진이 한마음으로 하게 되면, 실제 프로그램이 시작됐을 때 '우리 이거 이렇게 해봤지, 이럴 땐 이렇게 가기로 했지' 얘기하게 돼요. 그런 기간을 갖는 게 너무 중요한 것 같아요.

이제 와서 <스트릿 우먼 파이터>의 성공 비결을 분석하는 건 쉬운 일이다. 해답지를 보고 나서 푸는 수학 문제처럼 어떤 이유도 그럴듯하게 들린다. 당사자의 말이 제3자의 말보다 늘 우월한 것은 아니지만, 답안지를 보지 않은 상태에서 문제를 풀어낸 사람이 신선한 분석을 내놓을 때는 경청할 필요가 있다. 최정남PD가 이야기한 건 충분한 기획 기간과 구체적인 시뮬레이션이었다. 이 두 가지는 따로 떨어져 올 수 없는 것들 아닐까. 당장 내일 무언가를 만들어내지 않아도 되는 상황이라야 다양한 변수를 떠올리는 상상력이 발휘될 테니 말이다. 운동선수의 이미지 트레이닝에 비견될 만큼 <스우파> 제작진의 시뮬레이션은 집요하고 구체적이었다. 역할을 나눠 직접 배틀을 해보는 지경에 이르러서야 끝나는 회의라니. "저를 좋아하는 후배가 많이 없어요"라는 최PD의 말, "솔직히 정남 선배랑 같이 일하는 팀원들은 정말 힘들 거예요"라는 김PD의 말이 100% 농담은 아닐 수도 있겠다고 생각했다.

유튜브

픽시드 · 썰플리

● Ch. 5

유튜브
픽시드 · 썰플리

Produced by
이성준PD

10년 전에는 없던 일에
생명력을 만든다는 것

Interviewed by 장PD(장수연), 정PD(정다히)
Date 2022.06.01

출처: 유튜브 Pixid @Pixid

출처: 유튜브 썰플리 @ssulply

▷ 픽시드 • 썰플리

'픽셀'과 '디지털'을 결합해 이름을 지은 <픽시드>는 2020년 9월에 개설된 유튜브 채널로 2023년 6월 현재 36만 명의 구독자를 보유하고 있다. 채널이 유명해진 건 '50대 카톡방에 숨은 20대 찾기'라는 영상이 업로드된 즈음이었다. 2021년 2월 공개된 이 콘텐츠는 같은 해 9월 500만 조회수를 넘겼고, '20대 여자 카톡방에 숨은 30대 찾기', '지방 팬 사이 숨은 가짜 지방 팬 찾기' 등 이른바 '찾기' 콘텐츠들이 연이어 히트했다.

<썰플리>는 인터랙티브 콘텐츠 제작 스튜디오 '벌스워크'가 2022년 론칭한 유튜브 채널이다. 가수 이석훈을 진행자로 내세워 길거리에서 무작위로 만난 시민들에게 주제에 맞는 '썰'과 '음악'을 추천받는 웹예능으로, 2023년 6월 기준 구독자는 44만 명이고 누적 조회수 5억 회를 기록 중이다.

● 이성준PD

'벌스워크' 소속 PD. PD가 되겠다는 생각을 해본 적은 없었는데 '딩고', '스튜디오 룰루랄라'를 거쳐 벌스워크에 입사하는 동안 웹콘텐츠 PD가 되어 있었다. 그동안 연출한 작품으로는 웹드라마 <모먼트>, <시작은 키스>, <눈 떠보니 세 명의 남자친구>, 웹예능 <라떼월드>, <냠냠박사>, <픽시드>, <썰플리>가 있다.

'방송 프로그램'과 '콘텐츠'가 거의 동의어였던 시절, 프로그램을 기획하고 연출하는 사람은 PD이고 PD가 되는 방법은 시험을 봐서 방송사에 입사하는 게 사실상 유일한 길이던 시절에 나는 PD가 됐다. 비슷한 일을 하고 싶은 요즘의 젊은이라면 어떤 선택을 할지 생각해본다. 본인의 가치관과 취향이 투영된 창작물을 만드는 것으로 생계를 꾸리고 싶다면, 과연 어떤 직업을 원할까?

시대가 많이 바뀌었다. 영상물에 국한한다 해도 콘텐츠의 형태와 장르는 셀 수 없이 다양하고, 콘텐츠를 제작하는 직업이 PD인 것만도 아니며, PD가 되는 방법이 방송국에 입사하는 길만 있지 않다. 내가 알지 못했던 방법으로 PD가 되어 내가 생각지 못했던 콘텐츠를 만들고 있는 '요즘 PD'를 만나보고 싶었다. 미지의 세계에 대해서는 환상과 공포가 동시에 존재하는 법, 지상파 방송사 노동자에게 웹콘텐츠 업계가 그렇다. '저긴 여기보다 자유롭겠지? 수익은 얼마나 나는 걸까? 투자를 엄청나게 받는다던데?'

언젠가 이런 궁금증을 해소해줄 만한 인터뷰이와 만날 수 있기를 기다렸는데 드디어 인연이 닿았다. 그도 우리를 궁금해할 것 같다는, 서로 듣고 싶은 얘기가 많을 것 같다는 묘한 확신을 가지고 만남을 청했다.

○ **장PD** 저와 정다히PD가 일을 시작할 때는 PD가 되는 방법이 하나밖에 없었어요. 시험을 봐서 방송국에 입사하는 것. 요즘은 달라졌죠. 콘텐츠를 제작하는 직업이 PD인 것만도 아니고, PD의 일을 시작하는 채널과 방법도 다양합니다. 이성준PD님은 어떻게 이 업계에 발을 들이게 되셨나요?

● **이PD** 저도 사전에 보내주신 질문지를 보고 '내가 어쩌다 여기까지 왔나' 생각해봤어요. 사실 저는 PD가 되겠다는 생각을 한 번도 해본 적이 없거든요. 원래는 광고에 관심이 있었어요. 2015년에 대학을 졸업하고 tvN에서 마케팅 영상 제작 아르바이트를 했는데 당시 CP님이 온라인 영상 콘텐츠를 만들게 됐고, 거기에 저도 합류하면서 이 일을 시작했습니다. 이후 딩고와 스튜디오 룰루랄라를 거쳐 지금의 회사에 왔어요. 제 선배들은 대부분 방송사에서 온 분들이니까, 약간은 다른 길을 걸어온 셈이죠.

제가 속한 회사는 벌스워크라는 콘텐츠 제작사로 네이버Z▪에서 투자받은 스타트업이에요. 저는 벌스워크에서 〈픽시드〉와 〈썰플리〉를 제작하고 있습니다.

▪ 네이버Z : 네이버의 손자회사로 메타버스 플랫폼 '제페토'를 운영한다.

○ **장PD** 그럼 유튜브 콘텐츠 제작PD를 직업의 선택지로 생각했던 적이 한 번도 없었나요?

● **이PD** 네. '뉴미디어 콘텐츠 제작자'라는 직업 자체가 제가 일을 시작할 즈음에 처음 생겼어요. 당연히 '유튜브로 승부를 봐야겠다!'라는 마음보다 '유튜브라는 게 있네?' 정도의 인식이었죠. 그리고 그때는 유튜브보다 페이스북이 좀 더 강세였던 시기거든요. 당시 선배 PD들이 페이스북에서 〈72초 드라마〉라는 콘텐츠를 보고 엄청 충격받으셨던 게 지금도 기억나요. '뉴미디어 쪽은 뭔가를 표현할 수 있는 폭이 더 크구나'라는 생각을 했고, 내가 여기서 뭘 해야 할까 많이 고민했어요.

○ **장PD** PD님이 콘텐츠 제작의 문법을 익히는 데 가장 많은 영향을 받은 곳은 어디인가요?

● **이PD** 스튜디오 룰루랄라에서 제일 많이 배운 것 같아요. 웹예능의 판도를 바꾼 게 〈와썹맨〉이잖아요. 사실 요즘 나오는 웹예능들도 〈와썹맨〉에 빚진 부분이 많다고 생각하는데요. 그걸 당시의 룰루랄라 선후배들이 만들었거든요. 옆에서 보면서 '이게 되네?'라는 생각을 많이 했어요. 〈와썹맨〉 이전까지는 유튜브에서 예능 콘텐츠가 성공하기 쉽지 않았어요. 거의 불가능해 보였는

데, 〈와썹맨〉 제작진이 웹예능의 호흡을 만들고 새로운 포맷을 창작하는 걸 보며 '이게 가능하구나!' 했어요.

○ **장PD** 그러면 PD님이 픽시드 채널에 합류했을 때 구독자가 대략 어느 정도였나요?

● **이PD** 사실 픽시드는 지금도 구독자가 그렇게 많지 않아요. 픽시드의 특징이 조회수에 비해서 구독자가 현저하게 낮은 채널이라는 거예요.

○ **정PD** 짐작 가는 이유가 있나요?

● **이PD** 유튜브는 인물 중심의 플랫폼인데, 픽시드는 포맷 중심의 콘텐츠를 지향해요. 어떤 고정 인물이 아니라 포맷 자체를 시청자에게 익숙하게 만드는 실험을 하고 있어요. 그러다보니 채널 충성도가 높지 않고 콘텐츠 각각에 반응이 오는 경향이 있어서, 구독자수는 그렇게 많이 신경 쓰고 있지 않습니다.

○ **장PD** 픽시드 채널이 처음 개설된 게 2020년 9월인데, 2년이 채 안 된 지금 조회수가 몇백만 회 이상인 영상들이 많아요. 유명한 연예인이나 유튜버가 거의 나오지 않는데도요. 어떻게 이런 성장이 가능했다고 보세요?

● **이PD** 놀랍죠. 인생에는 많은 신비함이 있는 것 같아요.(웃음) 초창기 PD들이 '어몽 어스' 포맷을 선보였을

때 갑자기 폭발적인 반응이 왔어요. 처음 '터졌던' 게 '50대 사이에서 20대 찾기'인데, 평범한 일반인들이 출연하는 영상이에요. 유튜브에서는 완벽한 콘텐츠보다 빈 공간이 있는 콘텐츠가 잘되는 것 같아요. 시청자가 아는 척할 수 있는 공간이라고 할까요. 영상을 보면서 '우리 엄마도 저런 말투 쓰는데?'라고, 하고 싶은 말이 생기게 만들어야 해요. 댓글을 달려면 이유가 필요하더라고요.

○ **정PD** 저도 최근에 인디음악 신에 있는 친구와 대화하면서 비슷한 생각을 했어요. 같은 기획을 두고 저는 프로그램의 완성도와 작법과 재미를 생각하는 반면, 그 친구는 '태그를 달 수 있느냐 없느냐'를 굉장히 중요하게 보더라고요. 무조건 인스타에 '짤'이 돌 수 있어야 한다는 거죠. 물론 저도 그런 걸 고려하긴 하는데, 그 친구는 고려하는 정도가 아니라 아예 기획의 출발점으로 놓는 게 정말 신선했어요.

● **이PD** 맞아요. 저희도 주제를 잡을 때 '다른 플랫폼으로 퍼갈 수 있는 이슈인가'를 중요하게 생각해요.

▶▷▶

○ **정PD** 픽시드 채널을 제작하는 인력이 어느 정도 되나요? 규모나

구성이 방송사와는 다를 것 같은데요.

● **이PD** 지금 메인 연출이 1명이고, 조연출이 4명 있어요.

○ **장PD** 5명이 촬영과 편집을 다 하나요?

● **이PD** 네, 거의 대부분 하고 있어요. 촬영할 땐 외주 인력을 섭외하고요.

○ **장PD 구성작가는요?**

● **이PD** 픽시드에는 없고, 썰플리에는 있어요. 픽시드는 대략 어떤 질문을 할지 정도만 짜놓고, 그때그때 흐름에 맡기거든요.

○ **장PD** 제가 이성준PD님을 섭외할 때 그 회사의 작가님과 통화를 했는데요. 픽시드 채널이 여기까지 성장하는 데 제일 기여한 사람을 소개받고 싶다고 부탁드렸더니 이성준PD님을 추천하면서 "근데 그분은 연세가 좀 있으셔서…"라고 하는 거예요. 연세가 얼마나 있으시냐 했더니, 서른네 살이라고 해서 웃음이 나왔어요. 유튜브 쪽에서는 30대 중반도 '연세가 있으신 편'이구나 하고요.(웃음) 다른 PD님들은 나이대가 어떻게 되나요?

● **이PD** 그 작가, 저랑 차이도 얼마 안 나는데.(웃음) 제일 어린 PD가 98년생이고, 메인 연출인 PD가 93년생이에요.

○ 장PD 그런 구성이면 회의 분위기도 많이 다를 것 같아요.

● 이PD 저희가 공유 오피스를 쓰고 있는데 다른 회사 분들께 자주 혼나요, 시끄럽다고. 그래서 꼭 문을 닫고 회의를 하죠. 왁자지껄해요.

○ 정PD 유튜브는 시청 타깃을 어떻게 설정하나요?

● 이PD 방송국처럼 '2049 세대'를 가장 신경 쓰긴 해요. 더 높이 올리거나 아예 낮게 내릴 수는 없는 것 같아요.

○ 장PD 만드는 사람과 시청 타깃이 일치한다는 건 굉장히 유리한 지점 같아요. 어떻게 하면 사람들이 좋아할까 고민할 때 그 '사람들'이 나와 내 또래 친구들이고, 내가 가장 즐겨 보는 매체가 유튜브인데 내가 속해 있는 업계도 유튜브고요. TV는 이제 그 거리가 점점 멀어지고 있어요. 특히 CP인 이성준PD님도 같은 세대라는 게 인상적이에요.

○ 정PD 맞아요. 방송사는 설령 제작진이 젊다 해도 최종 결정을 하는 분들이 대부분 50대거든요. 그래서 저는 기획안을 쓸 때 여러 버전을 만들어요. 진짜 기획 작업을 위한 버전, 작가들과 회의하기 위한 버전, 그리고 부장님들한테 올리는 버전. 결국 임원회의에서 통과돼야 프로그램을 제작할 수 있으니까, 그분들에게 매력적으로 보이기 위한 노력도 필요하죠. 가끔 동료들과 그런 이야기를 해요. 내가 하고 싶은 것에 충실하게 만들어보고 싶다, 시청자의 취향을 가정하고 거기에 맞추는 걸 그

만하고 싶다. 웹콘텐츠는 그게 가능할 것 같은데 어떤가요?

● 이PD 사실 그렇게 자유롭지는 않아요. 내가 하고 싶은 걸 한다고 반드시 잘되리라는 보장은 없으니까요. 저도 처음에는 방송에서 할 수 없는 것들을 과감하게 해볼 수 있겠다고 기대했는데, 잘 안되더라고요.

○ 정PD 왜 안 되죠?

● 이PD 사람들이 재미있다고 느끼려면 결국 기존의 콘텐츠와 어느 정도는 유사성이 있어야 하는 것 같아요. 아예 다르면 알고리즘의 추천을 받기도 어려워요. 그러니 어쩔 수 없이 지금 인터넷상에서 많이 회자되고 있는 것들을 참고하게 되죠.

○ 정PD 구성이나 편집 과정 중에, 저는 전혀 재미없는 포인트에서 가끔 작가님들이 "PD님, 이래야 시청률이 잘 나와요"라고 할 때가 있어요. 실제로 그게 유효하고요. 내가 느끼는 재미와 시청률 사이에 거리가 있다고 느낄 때 혼란스럽죠. 시청률이 잘 나오는 프로를 만들 것인지 재미있고 화제성 있는 프로를 만들 것인지, 엄청 고민하게 되고요. 언젠가부터 시청률과 화제성이 일치하지 않게 되면서 예능PD들의 고민이 깊어졌는데, 유튜브는 어떤가요? 시청률을 조회수라고 본다면, 조회수와 화제성이 일치하는 편인가요?

● 이PD 그렇죠. 조회수가 안 나오면 화제성이 없는 거

죠. 조회수가 적은데 화제가 됐다는 건 말이 안 돼요. 그런데 지금 정다히PD님께서 말씀하신 내용은 창작자들의 공통된 고민 아닐까요? 물론 내가 하고 싶은 걸 마음껏 펼치면서 콘텐츠를 만드는 분도 있죠. 그건 운이 좋은 경우이고, 내가 하고 싶은 것과 사람들이 좋아하는 게 반드시 일치하지는 않잖아요. 게다가 우린 이게 취미가 아니라 직업이니까, 아무리 고민이 되어도 계속 만들어내야 하고요.

○ 장PD 이성준PD님은 현재 CP 역할을 하고 계신데, 지향하는 팀의 모습이 있나요? 회의 분위기, 제작 환경, 구성원들 사이의 관계에서요.

● **이PD** 저는 회의에서 무조건 말이 많아야 한다고 생각해요. 헛소리라도요. 그래서 후배들한테도 어떤 안건에 대해서든 코멘트를 해줬으면 좋겠다고 요구해요. 좋든 싫든 뭐라도 말을 해줘야 안건을 제기한 사람이 이게 맞는지 아닌지 판단할 수 있거든요. 팀원들이 부담 없이 막 던질 수 있는 분위기가 됐으면 좋겠는데, 쉽지 않죠. 저도 갈수록 자기 검열이 심해지는 것 같고, 말을 했을 때 아무 반응이 없으면 '괜히 말했나', '말하지 말걸' 하게 되고요.

내가 하고 싶은 것과
사람들이 좋아하는 게
반드시 일치하지는 않잖아요.
게다가 우린 이게 취미가 아니라
직업이니까.

○ **장PD**   이번엔 콘텐츠의 제작 과정에 대해 구체적으로 여쭤볼게요. 일단, 일반인 섭외는 어떻게 하시나요?

● **이PD**   다양한 방법이 있는데, 우선 구성상 어떤 캐릭터가 꼭 필요한 경우가 있어요. 예를 들어 '탈모인 편'의 경우, 탈모가 시각적으로 명확히 드러나는 분들이면 좋겠다고 생각해서 인스타그램에 검색해서 DM을 많이 보냈어요. 두 번째 방법은 저희가 가진 데이터베이스를 활용하는 거예요. 일반인 출연 모집 공지를 항상 올려 놓는데, 지금 몇천 명 정도가 리스트업되어 있어요.

○ **장PD**   어떤 사람이 출연하느냐에 따라 콘텐츠의 재미가 좌우되니까 섭외가 참 중요할 텐데, 직접 만나보고 결정하시나요?

● **이PD**   보통 영상통화로 사전 인터뷰를 해요. 어떤 언어를 쓰는 분이고, 이 주제에 대해 어떤 생각을 갖고 있는지 파악한 다음에 출연진을 구성하죠.

○ **정PD**   사실 방송사에서는 일반인 출연을 위험하다고 여겨요. 출연자 이슈 때문에 프로그램의 존폐가 위협받기도 하니까요.

● **이PD**   유튜브도 마찬가지예요. 댓글로 즉각 반응이 오니까, 오히려 더 신경이 쓰이죠. 일반인 출연자의 잠재적인 리스크를 완벽하게 스크리닝할 방법은 사실상 없으니까, 맹점이 있는 건 맞아요.

○ 정PD 제가 요즘 새로운 프로그램을 기획하는 중이어서 드리는 질문인데요. 웹예능 쪽은 PD들이 좀 가볍게 움직일 수 있는 분위기인가요? 저희는 새로 프로그램을 론칭할 때 마음이 많이 무겁거든요. 일단 편성되는 프로그램의 개수가 한정돼 있다보니까 PD에게 연출 기회가 자주 찾아오지 않아요. 게다가 지상파 프로그램에는 요구되는 것들이 참 많잖아요. 완성도도 높아야 하고, 화제도 돼야 하고, 시청률도 어느 정도 나와야 하고, PPL도 소화해야 하고, 출연하는 연예인의 커리어도 신경 쓰이고…. 다듬고 다듬어서 겨우 한 번 타선에 들어가는데, 그런 기회가 두세 번 올까 말까니까 부담이 클 수밖에 없어요. 유튜브 같은 플랫폼은 '오래 다듬어서 잘 만드는' 방식보다는 타이밍에 맞게 빨리 내놓는 게 중요한 시장이니까, 설령 망해도 빠르게 접고 다른 걸 시도할 수 있지 않을까 하는 약간의 환상이 있거든요. 실제로는 어떤가요?

● 이PD 망했을 때 제일 큰 문제는 돈이죠. 제작비가 그냥 날아가버리니까요. 방송사에 비해 저희의 자본 규모는 훨씬 적겠지만, 아무리 제작비가 적어도 망했을 때 힘든 마음은 같을 거예요. 저에게도 잘 안된 콘텐츠들이 있는데, 볼 때마다 너무너무 가슴이 아프고 고통스러워요. 오늘도 픽시드 채널에 새로운 영상을 업로드했는데 조회수가 궁금해서 계속 다리를 떨고 있어요. (웃음) 오히려 유튜브는 댓글로 바로 피드백이 오니까

더 살벌한 면도 있고요.

○ **정PD** 피드백이 안 올 때 진짜 가슴 아프지 않나요? 아무리 새로고침을 해도 댓글이 지난주 방송에 멈춰 있을 때, 얼마나 기분이 처참한지 몰라요.

● **이PD** 너무 스트레스받는 순간이죠.

○ **정PD** 느끼는 중압감은 똑같군요. 저는 마치 스타트업처럼 몸이 가벼운 줄 알았어요.

● **이PD** 아마 방송사에 비해서는 실패를 만회할 기회가 많이 주어질 것 같긴 한데, 그것도 어떤 제작 시스템이냐에 따라 차이가 있을 거예요. 저희는 PD들이 콘텐츠를 만드는 '프로덕션형' 회사이고, '크리에이터형' 제작사도 있잖아요. 혹은 더 작은 단위인 개인 유튜버도 있을 테고요. 조직의 형태에 따라 당연히 가해지는 중압감도 다르겠죠.

○ **장PD** 이PD님이 직접 편집을 하시나요?

● **이PD** 〈썰플리〉는 제가 직접 하고, 〈픽시드〉는 다른 PD들이 하는 걸 제가 옆에서 '관리'합니다. (웃음)

○ **장PD** 사실 굉장히 젊은 나이에 CP 역할을 하시는데, 너무 일찍 관리자가 된 것 같다는 생각은 안 하세요? 다른 업계라면 한창 현장에서

플레이어로 뛸 나이잖아요.

● **이PD** 많이 하죠. 어떤 때는 편집본을 받아보고 피드백할 때, 마우스를 뺏고 싶은 마음이 들어요. '이 컷을 이렇게 붙이면 될 텐데?' 하는 생각이 들어도 그때 손이 나가면 안 되더라고요. 내가 마우스를 잡는 순간 신뢰 관계가 무너지니까요. 물론 그 선을 넘을 때도 있긴 하지만(웃음), 최대한 그러지 않으려고 노력해요. 저도 팀장이 되는 과정 중에 있는데, 몸과 말이 나가는 속도가 달라야 하는 것 같아요.

연출하는 PD와 부딪히면 최대한 그 친구의 의견을 들으려고 해요. 내 생각이 맞는지 아닌지 모르니까요. 우리가 흔히 '문법'이라고 표현하는데, '이렇게 하면 되겠지'가 아니라 그렇게 했을 때 '먹혀야' 그게 문법이잖아요? 먹힐지 안 먹힐지는 해보기 전엔 모르는 거고요.

○ **장PD** <쌜플리>는 가수 이석훈 씨가 시민들과 함께 '음악 플레이리스트'를 만들어가는 과정을 그리는 예능인데, 왜 플레이리스트를 소재로 콘텐츠를 기획하셨나요?

● **이PD** 저는 기획할 때, 사람들이 어떻게 행동하는지를 먼저 탐구해보거든요.

○ **장PD** 어떻게 탐구하나요?

● **이PD** 그냥 사람들을 살펴봐요. 제 아내가 퇴근하면 무조건 플레이리스트를 틀어놓고 집안일을 시작하더라고요. 요즘 사람들이 플레이리스트를 많이 듣고, 또 중요하게 생각한다는 걸 알게 됐어요. 차에서 누구의 '플리'를 듣느냐에 따라 자부심을 느끼기도 하고, 어떤 음악을 알고 있다는 게 자신의 정체성이 되기도 하고요. '사람들이 유튜브를 통해 플레이리스트를 듣네? 그럼 플레이리스트를 만들러 밖으로 나가볼까?' 이렇게 생각이 이어진 거예요.

기획안에는 크게 두 종류가 있는 것 같아요. 출연자부터 정하는 것과 포맷에서 출발하는 것. 저희는 후자였어요. 기획안이 나오고 나서 MC가 갖춰야 할 조건들을 세웠죠. 음악과 맞닿아 있는 사람이면 좋겠다, 유머 감각이 있으면 좋겠다, 길거리 예능이니까 밖에 나갔을 때 사람들이 알아봤으면 좋겠다. 못 알아보면 예능이 슬퍼지거든요.(웃음) 그리고 제일 중요한 건, 온라인상에서 어떻게 회자되고 있는 사람인지를 봤어요. 저희는 프로덕션 회사이기 때문에 초반부터 반응이 와야 해요. 캐릭터를 쌓아갈 시간이 없어요. 이미 캐릭터가 구축된, 온라인에서 소비되고 있는 사람이 유리하다고 판단했어요. 이석훈 씨는 이 모든 조건에 다 맞는 사람이에요. 가수이고, 가만히 보면 되게 웃기고, 다년간의 연예인 생활로 인지도도 있고, 인터넷에서 '유죄인간'이나 '예의 있게 말해!' 같은 그분을 상징하는 이미지가 있고요. 여러모로 딱 맞아떨어졌어요.

○ 장PD　언젠가부터 사람들이 음악을 들을 때 음원 사이트보다 유튜브 플레이리스트를 이용한다는 걸 가장 먼저 감지한 직업군 중 하나가 라디오PD일 거예요. 라디오가 유튜브와 어떤 관계를 맺어야 하는지 고민도 많이 하고요. 그런데 플레이리스트가 수익으로 이어지지는 않는다는 점 때문에 더 나아가지 못하고 있었거든요.■ 이를테면 <배철수의 음악캠프> 선곡표를 플레이리스트로 만드는 유튜브 채널을 상상해볼 수 있는데, 이게 수익화가 안 되면 조직을 설득하기가 어려워요. 그래서 저는 <썰플리>가 풀어낸 방식이 굉장히 신선하게 느껴졌어요. 한 채널에서 예능 콘텐츠와 플레이리스트 콘텐츠를 분리했잖아요. 어찌 보면 단순한 이 아이디어가 굉장히 빛난다고 생각했어요.

● 이PD　장PD님은 플레이리스트 콘텐츠를 어떻게 수익화할지 고민하신 건데, 사실 제가 〈썰플리〉를 기획한 건 '플레이리스트의 힘을 좀 받아보자'는 의도였어요.

■ 유튜브의 플레이리스트 콘텐츠는 음원 저작권 때문에 광고로 수익을 낼 수 없다.

프로그램을 처음 시작하는 건 힘든 작업이에요. 특히 구독자 0명에서 채널을 시작하는 건 정말 고통스러운 과정이기 때문에, MC의 인지도 외에 도움받을 수 있는 게 또 뭐가 있을까 고민하다가 '음악의 힘을 빌려보자'고 생각한 거죠. 우리가 BTS를 섭외할 수는 없지만 BTS의 음악은 사용할 수 있으니까요. 플레이리스트를 들으러 온 사람이, 왜 이런 선곡이 나왔는지 궁금해서 예능 콘텐츠도 본다면 신규 유입을 유도할 수 있는 시스템이 될 거라고 봤어요.

○ **정PD** 지상파 프로그램은 성공인지 실패인지가 3, 4회 정도면 판가름 나요. 그 안에 시청률이 안 오르면 '뒷심'이라는 게 존재하기 힘들거든요. 반면에 유튜브는 영상이 공개되고 뒤늦게 화제가 되는 경우도 있잖아요. 그러면 콘텐츠를 어떻게 포기하는지가 궁금해요. PD가 봤을 때 이게 분명히 재미있는데, 그리고 유튜브는 언제 터질지 모르는 플랫폼인데, 언제 콘텐츠를 놓으시나요?

● **이PD** 제가 작년에 제작했던 〈냠냠박사〉도 릴리즈되고 1년 뒤에 조회수가 1천만을 넘겼어요. '이걸 계속했어야 했나' 후회도 되더라고요. 연예인이 출연하는 콘텐츠의 경우, 연예인과의 계약 문제나 제작비 예산 때

'이렇게 하면 되겠지'가 아니라
그렇게 했을 때 '먹혀야'
그게 문법이잖아요?

문에 일정 회차 안에 승부를 보지 못하면 지속하기가 쉽지 않아요. 유튜버처럼 본인이 출연자이자 크리에이터라면 얘기가 다르겠죠. 1년쯤 뒤에 갑자기 콘텐츠가 터질 때 '다시 한번 해볼까?' 할 수 있을 거예요. 그런데 제작사에서 만드는 콘텐츠는 담당 PD가 그사이에 이직할 수도 있고, IP의 소유권 문제도 있고 복잡하죠.

○ **장PD** 방금 정다히PD가 방송국은 콘텐츠의 성패를 판단하는 기한이 3, 4회 정도라고 했는데, 유튜브는 어떤가요?

● **이PD** 유튜브도 비슷해요. (망했다는) 결론이 났는데도 예산을 다 쏟아부을 수는 없으니까요. 느낌이라는 게 있는 것 같아요. 댓글이 쌓이는 속도에서도 느껴지고요. 그리고 유튜브는 조회수와 함께 '시청 지속 시간'을 굉장히 중요하게 봐요. 이게 30~40% 이상은 나와야 생명력이 있는 콘텐츠가 되는 것 같아요.

○ **정PD** 영상을 보기 시작한 사람 중 30~40%가 계속 봤다는 뜻인 거죠?

● **이PD** 그렇죠. 조회수와 시청 지속 시간을 함께 봐야 해요. 왜냐하면 조회수가 별로 안 나온 시청 지속 시간은 의미가 없고, 조회수도 어느 정도 되는데 시청 지속 시간이 30% 이상이면 가능성이 있다고 보는 거예요.

▶ ▷ ▶

○ **정PD** 산업적인 측면에 대해서도 질문을 드릴게요. 구독자 수가 꽤 많은 채널도 수익 면에서는 적자인 경우가 많다는 이야기가 들려요. 그래서 결국은 어딘가로부터 투자를 받고 '엑싯'하는 게 목적이라고도 하던데 실제로는 어떤가요? 유튜브 크리에이터 말고, PD님처럼 회사에 소속해 프로덕션형 콘텐츠를 만드는 분들의 목표는 뭐예요?

● **이PD** 저도 그동안 많이 고민했던 부분이에요. 온라인 콘텐츠들은 방송 콘텐츠보다 훨씬 생명력이 짧더라고요. 시장 진입이 쉽다보니 콘텐츠도 워낙 많고, 그 가운데 잘하는 분도 정말 많고, 성공하기는 어려운데 금방 잊히고요. 빠르게 탄생하고 빠르게 사장되는 시장이에요. 도대체 나의 경쟁력은 뭘까, 이 회사에서 내가 할 수 있는 게 뭘까, 고민이 많았어요. 잘하는 분들이 지금 이 순간에도 계속 나오고 있는데, 내가 만드는 콘텐츠가 그분들의 것보다 조회수가 적게 나오면 나의 쓸모는 뭔가 싶은 거죠. 방송국 PD님들은 전 국민이 보는 프로그램을 만드니까 이전의 작업들이 '경력'으로 인정받지만, 제가 속한 필드에서는 경력이 무의미하게 느껴질 때가 많거든요. 예전의 조회수는 예전의 것일 뿐이고,

지금 안 나오면 의미가 없는 거예요. '지금 그래서 네가 뭘 할 수 있어?'라고 물을 때 답할 게 없는 것 같다는 생각도 들었고요.

그러다가 지금 회사의 윤영근 대표님과 고민을 나누게 됐어요. CJ E&M 다이아티비에서 일하셨던 분인데, 그분은 콘텐츠 시장이 양분되어 있다고 보시더라고요. 한쪽은 넷플릭스를 위시한 대규모 자본이 들어간 고퀄리티의 콘텐츠, 다른 한쪽은 유튜브를 위시한 크리에이터형 콘텐츠. 우리는 콘텐츠로 어떤 가치를 창출할 수 있을까 고민하게 됐죠. '벌스워크(VerseWork)'라는 회사는 이름에서도 느껴지다시피 메타버스 콘텐츠를 만드는 회사예요. 지금 제가 맡고 있는 건 영상팀이고, 게임팀이 따로 있어요. 저희가 맡은 임무는 영상과 게임에서 다양하게 IP를 즐길 수 있게 하는 거예요. 우리가 만드는 콘텐츠를 그렇게 활용할 수 있겠다는 것에 대표님과 생각이 맞아서 합류하게 됐어요.

○ **장PD** **콘텐츠 혹은 콘텐츠를 만드는 일에 의미를 부여하는 새로운 시각이네요.**

▶▷▶

○ 장PD　PD로서 본인의 강점을 '재미있게 일하기'라고 하셨어요.

● 이PD　콘텐츠 제작은, 재미가 없으면 '왜 하는지 모르겠다'는 생각이 드는 일 같아요. 노동 강도에 비해 월급이 많은 것도 아니고, 뭐 엄청나게 사회에 공헌하는 것 같지도 않고요. 재미를 추구하는 일인데 제작 현장도 재미있어야 하지 않을까요? 가족보다 회사 동료들을 더 오래 보는 직업이라서, 만드는 동안 웃을 수 없다면 의미가 없다고 생각해요. 제 성향 자체도 사람들과 같이 있어야 힘이 나는 스타일이라 강점이 되지 않을까 싶어요.

○ 장PD　오늘 잠깐 뵙기로는 굉장히 유쾌한 성격처럼 보여요. 같이 일하는 사람을 기분 좋게 해주실 것 같은데요.

● 이PD　후배들이 동의할지 모르겠지만(웃음), 저는 그러려고 노력해요. 우리 일이 얼굴 붉힐 만한 일은 아닌 것 같거든요. 얼굴을 붉힌다는 건 누가 맞고 누가 틀린지를 다툰다는 거잖아요. 이 일에 맞고 틀리고가 어디 있나요.

○ 장PD　PD에게 가장 중요한 덕목은 '듣는 힘'이라고 생각하신다고요? '듣는 일'이라고 한 분은 종종 계셨는데 이걸 '힘'이라고 표현하니까 좀 다르게 들리네요.

● **이PD** 누군가를 '듣는 사람'이라고 표현하면 자기주장이 없는 사람처럼 느껴질 때가 있거든요. 그렇지만 듣는 건 굉장히 힘이 드는 일이에요. PD는 스페셜리스트들과 같이 일하잖아요. 듣지 않으면 안 되더라고요. 언젠가부터 '내가 힘을 들여서 이 사람들의 말을 들어야겠다'고 생각하게 됐어요. 회의할 때도 누군가의 말이 헛소리 같다고 해서 제대로 듣지 않으면, 그 사람에게서 더 이상 아무 이야기도 들을 수 없게 되더라고요. 말하는 데 힘을 다 쓰는 사람, 듣는 힘이 없는 사람은 PD로서 어렵겠구나 싶어요. 답답해하는 후배들도 있어요. 계속 이야기하라고, 의견 더 없냐고 하니까요.(웃음) 그래서 힘이 더 필요한 것 같아요. 기다려줘야 할 때도 있고, 듣기 위해서 내 말을 멈춰야 할 때도 있고, 그래서 '듣는 힘'이라고 적었습니다.

○ **장PD** 듣고 보니 더 좋은 표현 같네요. 정말 와닿아요. 요즘 고민은 '어떻게 하면 오래 일할까'라고요?

● **이PD** 이 일이 재미있고 오래하고 싶어서요. 생각해보면 제가 하는 일은 10년 전엔 없던 일이에요. 일은 계속해서 탄생하거나 사라질 거고 저는 어떤 일이든 하고 있겠지만, 지금 하는 일을 어떻게 하면 오래할 수 있

을가가 고민이에요. 신생 회사에 합류했으니 저도 팀을 꾸리기 위해 여러 후배를 불렀어요. 나는 그들에게 어떤 선배가 돼야 할까 생각할 때, 이들이 원하는 일을 오래할 수 있게 해주는 사람이 되어야겠더라고요. 사실은 그래서 이 회사에서 일하고 있는 거예요. 저도 게임이 너무 어렵고, 관련된 회의에 들어가서 한마디도 못 하는 순간도 많아요. 그렇지만 이런 도전들이 결국 우리 일의 생명력을 연장시킬 거라고 생각해요.

○ **장PD** 젊은 리더의 마인드가 이런 것인가 싶네요. 하고 싶은 일을 오래할 수 있게 해주는 선배가 되고 싶다니, 굉장히 인상적이에요.

● **이PD** 그렇게 하지 않으면 저도 이 일을 오래할 수 없으니까요. PD는 혼자 일할 수 없거든요. 팀원들과 내가 오래 같이 가려면 일 자체에 생명력이 있어야 한다고 생각해요. 사실 게임을 활용한 콘텐츠를 만들자고 하면 가끔 부딪치기도 해요. '나는 영상을 만들러 왔는데 웬 게임?'이라는 반응이죠. 그렇지만 그걸 설득하고 끌고 가야 하는 건, 그러지 않으면 가치를 창출하는 게 어려워 보이기 때문이에요. 그게 참 힘들어요. 저 자신도, 후배들도 설득하려고 노력합니다.

MZ세대는 더 이상 신입사원이 아니다. "보람 따위 됐으니 수당이나 주세요", "연봉이 복지다"라는 말로 기성세대를 당황시키며 베스트셀러 책처럼 화려하게 등장했던 90년대생들이 어느덧 팀장이 되고 있다. 이성준PD의 이야기를 들으니 이들이 신입사원 시절 어떤 리더를 바랐는지, 그리하여 지금 어떤 리더상을 지향하는지 그려지는 듯하다.

청춘과 불안은 본디 한몸이다. 더구나 지금은 저성장시대인 동시에 격변의 시대, 많은 청춘들이 학교에 다닐 때는 존재하지 않던 회사에서 존재한 적 없던 직업으로 현재를 살아간다. 이들이 체감할 불안의 강도를 가히 짐작할 수 없다. 회식으로 팀워크를 도모할 수 있다고 생각하는 리더가 이들 눈에 어떻게 비쳤을까? 한가하다 못해 순진해 보이지 않았을까?

일을 잘하는 것만으로 생존이 담보되지 않는다는 걸 청춘들이 가장 잘 안다. 이 일이 어떤 가치를 창출하는지, 사람들이 필요로 하고 원하는 일인지 끊임없이 확인받길 원한다. 누구에게? 리더에게. 이성준PD는 이걸 '일의 생명력'이라고 표현했다. 서른네 살 젊은 팀장의 강점은 아마 이 지점일 것이다. 동료들의 불안과 갈증을 함께 느끼고 이해한다는 것.

독일 철학자 로마노 과르디니의 강연록 『삶과 나이』에는 인생의 각 시기에 마주하는 위기에 대해 적혀 있다. 책에 따르면 청년은 성년이 되기 전 '경험의 위기'를 겪는다.

"그는 세상사가 얼마나 복잡한지 깨닫습니다. 세상에 단순한 규칙으로 되는 일은 거의 없고, 모든 일이 '한편으로는 그렇지만 다른 한편으로는 그렇지 않다'는 식이라는 사실, 절대적인 원칙이란 것은 극히 비현실적이라는 사실을 알아차립니다. 그래서 청년은 결코 결행할 수 없으리라 생각했던 것을 결행하지 않을 수 없게 됩니다. 타협을 하는 것이죠. 원하는 바를 실현하기 위해서, 자신의 요구가 지니는 절대성을 포기하는 것입니다."
- 『삶과 나이』(로마노 과르디니 지음, 김태환 옮김, 문학과지성사, 1996)

누군가는 자신의 이상을 현실로 끌어들이기 위해 '타협'을 결행한다. 어떤 해법은 그렇게, 청년이 성년이 되는 과정 중에 찾아진다. 유튜브 채널을 만들어 성장시키고, 끝내 다 같이 살아남기 위해 고민하는 이들의 노력이 그런 것으로 보였다.

JTBC

용감한 솔로 육아
- 내가 키운다

JTBC
용감한 솔로 육아
- 내가 키운다

Produced by
김솔PD · 박현정PD

용감한 제작진들의
끝나지 않은 이야기

Interviewed by 장PD(장수연), 정PD(정다히)
Date 2021.12.24

● On Air 내가 키운다

출처: JTBC

▷ 용감한 솔로 육아-내가 키운다

2021년 7월 9일부터 12월 22일까지 23회에 걸쳐 방송된 JTBC의 예능 프로그램. 다양한 이유로 혼자 아이를 키우는 이들의 일상을 보여주는 관찰 리얼리티로 조윤희, 김나영, 이지현, 김현숙, 정찬 등이 출연했고 김구라와 채림이 진행을 맡았다. 혼자 키우는 이유, 출연하는 아이의 성향, 부모의 육아 스타일과 능숙도까지 제각각인 여러 가족이 출연했다. 혼자 아이를 키우는 사람들을 화면에 담으면서 '용감한 솔로 육아'라는 제목을 지은 제작진의 시선은 가십성 연예 기사에 가려져 있던 이들의 다른 모습을 보여주었다. 주어진 삶의 조건을 정면으로 마주하고 행복해지려 애쓰는 씩씩한 태도 같은 것들이었다.

● 김솔PD

2011년, 대학교 4학년 때 JTBC 공채 1기 예능PD가 되었다. 난생처음 치른 입사 시험을 단박에 합격해 남들 눈엔 수월하게 취업한 것처럼 보이지만, 재료공학을 전공한 공대생이었던 그가 진로를 두고 오래 고민하고 헤맨 끝에 찾은 길이었다. <비정상회담>, <슈가맨>, <썰전>, <팬텀싱어> 등 JTBC의 대표 예능 프로그램들에서 조연출을 했고 <서울엔 우리 집이 없다>, <정산회담>, <냉장고를 부탁해> 등을 연출했다. 현재는 글로벌 OTT사로 이직해 프로그램 기획 업무를 하고 있다.

● 박현정PD

남들보다 좀 길게 대학 생활을 하며 충분히 놀고, 스물여덟 살 끝자락이던 2015년 JTBC 예능PD로 입사했다. <마녀사냥>, <히든싱어>, <힙합의 민족>, <썰전>, <비긴어게인> 등에서 조연출을 하다 김솔PD가 <정산회담>을 론칭할 때 자원해서 합류했고, 이후 <내가 키운다>도 함께 연출했다. 현재는 본인이 직접 기획한 프로그램으로 입봉을 준비 중이다. 내 안에서 끌어올린 관심사로 다른 사람도 공감할 수 있는 프로그램을 만드는 게 꿈이다.

<용감한 솔로 육아-내가 키운다>의 초창기, 이혼한 연예인을 향한 대중의 관음증적 호기심이 화제 몰이와 무관했다고 말하기는 어렵다. 그러나 프로그램은 이들을 여러 형태의 가족 중 하나, 다양한 개성을 지닌 아이 중 하나, 각기 다른 육아관을 가진 부모 중 한 명으로 대했다. 어떤 시청자는 떠났고, 어떤 시청자는 남았다. 3%대의 높지 않은 시청률에도 이 프로그램에 관심을 놓을 수 없었던 건, 아마도 내가 세 아이를 키우는 엄마이기 때문이었을 것이다. 육아 이야기에는 어쩔 수 없이 시선이 간다. 하물며 이렇게 아이와 함께 살아가는 사람들에 대해 새로운 관점을 더하는 서사라면, 반가움에 와락 안아주고 싶기까지 하다. 우리가 살아가는 세상에 '다른 결'을 한 겹 덧대어주는 프로그램이었고, 그 한 겹이 내 일상과 아주 가까웠기에 개인적으로 더 고마웠다.

김솔PD에게 만남을 청했을 때, 그는 프로그램의 종영이 결정되었다는 소식을 우리에게 전하며 그래도 인터뷰를 진행할 의향이 있는지 되물었다. 나는 이 인터뷰 프로젝트의 목적이 성공한 콘텐츠의 제작 비법이 아니라 '만드는 사람들'의 이야기를 듣는 거라고 답했다. 종영이 결정됐다면 거기까지도 이 프로그램을 만든 이야기일 것이다. <용감한 솔로 육아-내가 키운다>를 만든 그의 이야기가 궁금하다는 말에 김솔PD는 흔쾌히 인터뷰를 수락했다.

이 만남의 자리에 정다히PD도 함께 초대했다. 마침 <아무튼 출근!>도 프로그램이 종영한 지 얼마 안 된 시점이었다. 젊은 두 여성 PD가 '자기 세계관을 투영한 콘텐츠'를 세상에 내놓았고, 치열하게 만들었고, 결과를 받아들었다. 같이 나눌 이야기가 많을 게 분명했다.

○ 장PD　<용감한 솔로 육아-내가 키운다>(이하<내가 키운다>)는 육아 예능인데요. 혹시 두 PD님도 아이가 있나요?

● 김PD　아뇨, 저희 둘 다 싱글이에요.

○ 장PD　결혼을 안 한 PD님들이 어떻게 육아를, 그것도 '솔로 육아'를 아이템으로 정하게 됐는지 궁금해요.

● 김PD　제가 <동상이몽>이나 <슈퍼맨이 돌아왔다> 같은 프로그램을 굉장히 좋아하는데요. 방송에서는 보통 '스탠더드한 형태'의 가족이 주로 나오잖아요. 사실 세상이 많이 바뀌었고, 제 주변에도 이혼한 부부나 혼자 아이를 키우는 친구들이 꽤 있거든요. <나 혼자 산다>가 1인 가구의 증가라는 흐름을 조명했듯이, 저희 프로그램이 가족의 형태가 다양해지고 있다는 걸 보여주면 어떨까 생각했어요. '솔로 육아'로 시작해서 입양 가족, 재혼 가족까지 나아가보고 싶었습니다.

○ 장PD　대부분의 사람은 본인이 부모가 되고 나서야 아이를 낳고 기르는 일에 관심을 갖게 되죠. 저도 엄마가 되기 전까지는 육아의 세계를 전혀 몰랐거든요. PD님은 어떻게 이런 주제에 관심을 갖게 되었나요?

● 김PD　친한 지인 중에 이혼하고 혼자 아이를 키우는 언니가 있어요. 그 언니를 보면서, 평범한 일상도 가족의 형태가 다르면 그 안에 뭔가 다른 이야기가 있다는

걸 알게 되었어요. 학부모 참관 수업이나 가족 그림을 그리는 시간, 초등학교 입학 준비 등이 누군가에게는 일상에서 마주하는 난관일 텐데, 이걸 최대한 담담하게 보여주고 싶었죠. 프로그램을 만들기 전에는 몰랐던 것들을, 하면서 많이 배웠어요. 그래서 프로그램에 미안하기도 해요. 제가 육아를 잘 아는 사람이었다면 조금 더 깊이 있게 들어갈 수 있지 않았을까 싶어서요. 회의 중에도 작가진이나 담당 CP 등 자녀를 키우는 분들의 이야기를 많이 들었어요. 신기한 점은 그래서 다른 어떤 프로그램보다 서로의 사생활, 특히 가족 이야기를 깊게 나눴다는 거예요. 어떤 분은 "나는 사실 아버지가 일찍 돌아가셔서, 이 프로그램을 만들면서 우리 엄마 생각이 많이 나"라는 말씀도 하셨어요. 제작진뿐 아니라 출연자들과도 내밀한 이야기를 자연스럽게 나누게 됐고요.

○ **장PD** **그건 정말 이 프로그램만의 특징이네요. 보통 일하면서 만난 동료와 그런 이야기를 나누지는 않잖아요. 김솔PD는 친한 지인의 일상을 보면서 기획의 아이디어를 얻었고, 지난번에 정다히PD는 회의하면서 수다 떠는 내용을 아이템으로 발전시켰다고 했는데, 예능PD들이 보통 프로그램의 아이디어를 주변에서 많이 찾나요?**

● 김PD　경험하지 않은 것에서 밑도 끝도 없이 창의력이 나오는 경우는 생각보다 많지 않은 것 같아요. 저는 경험에 기반해서 얻은 아이디어를 발전시키는 편이에요.

○ 장PD　<용감한 솔로 육아-내가 키운다>가 정식 제목이죠. 작명을 참 잘하신 것 같아요. '솔로 육아'라고 하니까 뭔가 모르게 산뜻해요. 싱글 라이프가 연상되기도 하고요.

● 김PD　당당하고 밝았으면 좋겠다고 생각했어요. 컬러도 핑크나 레드 계열보다는 젠더 프리한 느낌이길 원했는데, '내가 키운다'가 딱 저희가 바라던 제목이에요. 폰트 디자인도 굵고 강해서, 건강한 팔뚝 같은 게 떠오르고요.(웃음) 원래 다른 제목으로 확정되기 직전이었는데, 열띤 회의 끝에 바뀌었지요.

○ 장PD　어떤 제목이었나요?

● 김PD　'혼자 키워요'.

○ 장PD　일단 '-요'체가 너무 약해 보이네요.(웃음)

● 김PD　맞아요. 어미는 무조건 '-다'라고 생각했어요.(웃음)

○ 장PD　프로그램에서 이혼을 대하는 태도도 참 좋더라고요. '살면서 누구에게나 있을 수 있는 일이야'라는 식으로 이혼을 담백하게 다뤘던

방송이 많지 않았던 것 같거든요. 방송이 사회의 변화를 제대로 반영하지 못할 때가 많죠.

○ 정PD　저는 이 프로그램에서 출연자가 이야기를 시작하는 도입부가 좋았어요. 왜 혼자 키우게 됐는지를 어떤 톤으로 소개할지 고민이 컸을 텐데, 너무 세지도 약하지도 않게, 적절한 강도로 방점을 찍었던 것 같아요.

● 김PD　출연자의 이혼 이야기를 조금 더 세게 해야 하지 않나 고민도 했어요. 어차피 대중이 다 알고 있는 사실이고, 출연자분들도 출연을 결심하기가 어려웠지 결심 이후에는 표현에 제약을 두진 않았거든요. 다만 전(前) 배우자들이 한국에서 삶을 이어가야 하니까, 그걸 생각하면 조심스러웠죠.

○ 장PD　그랬겠네요. 연예인 본인뿐 아니라 배우자였던 상대방도 누구와 결혼했다가 헤어졌는지 주변에서 다 알 테니까요.

● 김PD　'내가 이 프로그램을 너무 쉽게 생각하고 시작했나' 후회하기도 했어요. 진짜 잘하고 싶은 이야기인데, 난도가 너무 높았어요. 이혼이라는 단어는 아직도 방송에서 다루기에 자극적인 키워드예요. 너무 아껴도 안 되고 너무 막 다뤄도 안 되니까, 참 어렵더라고요.

○ 장PD　방송에서 이혼을 다루는 방식, 방송에 등장하는 이혼 이야기

당당하고 밝았으면
좋겠다고 생각했어요.
'내가 키운다'가 딱 저희가
바라던 제목이에요.

를 시청자들이 바라보는 방식을 바꾸는 데 <내가 키운다>가 분명히 역할을 했다고 생각해요.

● 김PD 첫 번째 티저가 나가고, 미혼모를 포함해 혼자 아이를 키우는 많은 분이 댓글을 달아주셨어요. 저희 생각보다 훨씬 반응이 뜨거워서 놀랐어요.

○ 장PD 힘을 많이 받았겠어요.

● 김PD 더 잘해야 한다는 부담감이 있었죠.

○ 장PD 섭외 과정도 이야기해볼까요. 일단 연예인 입장에서 출연을 결정하기가 쉽지 않은 프로그램인데, 가장 먼저 섭외된 분이 누구였나요?

● 김PD 이 기획안으로 꽤 오랫동안 조윤희 씨와 연락을 나눈 제작진이 있었어요. 조윤희 씨가 결심한 시점부터 본격적으로 섭외를 시작했던 것 같아요. 채림 씨 같은 경우 사실 처음에는 단호하게 거절했어요. 최고의 자리에서 오래 활동해온 분이라 방송의 힘을 너무 잘 아시거든요. 본인의 삶이 전시되는 것에 우려도 컸고 특히나 아이들을 공개하는 부분은 고민이 될 수밖에 없죠.

○ **장PD** 출연자 한 분 한 분을 섭외하면서 어떤 이야기를 나눴는지 궁금해요. 어떻게 설득하셨어요?

● **김PD** 조윤희 씨는 이미 그 제작진과 오랜 시간을 함께해왔음에도 불구하고 막판까지 고민이 많았어요. 저는 윤희 씨가 망설이는 포인트가 있을 거라고 생각했어요. 머뭇거리면서도 거절하지 못하는 이유, 이 프로그램에 관심이 가는 부분이 뭔지 여쭤봤어요. 윤희 씨는 아이와의 하루하루가 너무 소중해서 휴대폰 사진첩이 딸 사진으로 가득한데, 그게 다 아이의 독사진이고 본인이 같이 찍혀 있지 않다는 이야기를 했어요. 방송 프로그램은 하나의 작품으로 기록에 남으니까, 그 점을 어필했죠. 잘 찍어드리겠다고.(웃음)

○ **장PD** 섭외할 때도 그렇지만 촬영을 진행하면서도, 출연자와 제작진 간에 신뢰가 정말 중요했을 것 같아요.

● **김PD** 맞아요. 특히 아이들과 촬영하기 때문에 대본을 보여주면서 "여기서 이렇게 해주시고요"라고 요구하는 게 불가능하잖아요. 그래서 담당 작가들이 촬영하기 전에 몇 번씩 찾아가서 친밀감을 먼저 쌓았죠. 김현숙 씨의 경우가 특히 좀 어려웠는데, 현숙 씨는 본인의 부모님과도 함께 살거든요. 제가 그분들 입장이어도 방

송국에서 와서 딸이 혼자 아이 키우는 얘기를 찍는다고 하면 되게 고까울 것 같더라고요. 촬영 몇 개월 전부터 작가님들이 밀양에 있는 현숙 씨의 집을 여러 차례 왔다 갔다 했지만, 첫 촬영 직전까지도 가족들의 마음이 열리지 않은 기색이 담당 작가를 통해 느껴졌어요. 그래서 촬영 전날, 회의고 뭐고 다 접고 팀 전체가 밀양에 갔어요. 아침부터 조부모님 집안일 하시는 것 도와드리고 아이와 친해지는 시간을 갖고, 김현숙 씨와 술을 다섯 시간 정도 마셨죠. 그러고 나니까 마음의 문이 약간은 열리는 것 같았어요. 그래봤자 완전히 믿기는 어려우셨겠지만, 그래도 저희가 아이와 지내는 모습을 보면서 가족들의 시선이 적어도 '방송국 놈들'에서 '방송국 사람들' 정도로는 바뀌었죠.

문제는 제가 주량이 센 편이 아니라서, 다음날 촬영 시작할 때까지 계속 토를 했다는 거예요. 마음의 문은 열었는데 녹화를 못 하겠더라고요. (웃음)

● **박PD** 촬영 전에 구성안을 열심히 짜지만, 회의의 마지막 말은 항상 "이게 무슨 소용이냐"였어요. 결국 아이들 마음에 달려 있으니까요. 최선을 다해서 이것저것 준비해도 아이가 컨디션이 안 좋거나 낮잠을 충분히 자

지 않아서 기분이 언짢으면 아무 의미가 없거든요. 블루베리를 따러 농장에 갔는데 열 개 따고 "이제 그만 딸 거야" 하면 거기서 촬영이 끝나는 거예요.(웃음)

○ **장PD**   미리 기획하는 것보다, 촬영장에서 그때그때 잘 대응하는 게 더 중요했겠네요.

● **박PD**   모든 관찰 예능이 그렇긴 한데, 어린이가 출연하면 더 극단적으로 그렇죠. 어린이 출연자분들은 마이크를 차주는 것만으로도 너무 감사하니까요.(웃음) 마이크를 채우는 것부터가 일의 시작이거든요. 아이의 성향에 따라서, 누구는 차근차근 설명해서 채우고 누구는 30분쯤 정신이 쏙 빠지게 놀아주고 채우고, 나중에는 오디오 감독님이 거의 오은영 박사님 수준이 되셨어요.

○ **장PD**   이번에는 이지현 씨의 가족 이야기를 해볼까요. 둘째 아이에게 ADHD가 있는데, 엄마에게 보이는 행동이나 첫째인 누나와의 갈등 상황이 매우 위태로워 보였어요. 출연을 결정하기까지 큰 용기가 필요했을 것 같은데요.

● **김PD**   프로그램이 5회 정도 방송됐을 때, 이지현 씨

측에서 먼저 연락이 왔어요. 이지현 씨는 그동안 친구들도 아예 안 만나고 아이들만 돌보면서 살았대요. 소속사 대표님이 주얼리 때부터 지현 씨와 함께해온 분인데, 그런 폐쇄적인 삶에서 꺼내주고 싶어서 지현 씨를 설득하면서 동시에 저희한테도 연락하신 거예요. 저는 아이의 ADHD에 대해 듣기 전에 대표님이 보내주신 영상을 먼저 봤어요. 쉽지 않겠다, 이걸 어떻게 풀어낼 수 있을까 싶더라고요. 갑자기 프로그램이 〈우리 아이가 달라졌어요〉 분위기가 되니까 정말 고민했죠. 혼자 키우는 집의 아이가 잘못된 모습을 보일 때 비난의 화살이 보통 더 날카롭잖아요. 모든 이유를 이혼으로 쉽게 말하기도 하고요.

○ 장PD 이지현 씨 가족이 출연했던 회차는 제작진이 고민을 정말 많이 했다는 게 느껴졌어요. 편집 순서만 봐도, 아이가 극단적인 행동을 하는 모습을 뒤쪽에 배치하셨잖아요. 시청자들이 아이와 그 가족을 이해할 수 있게 하려고 노력하신 것 같아요.

● 김PD 지현 씨에게 댓글이 많이 달릴 수도 있다고 말씀드렸는데, 오히려 '촬영 날 운 좋게 아이의 컨디션이 좋아서 평소보다 괜찮은 모습으로 나가지 않았으면 좋겠다, 우리의 진짜 모습이 그대로 나가서 도움의 손길

이든 뭐든 받고 싶다'라고 말씀하시더라고요.

○ **장PD** 용기 있네요. 그만큼 절박했던 것 같기도 하고요.

● **김PD** 맞아요. 절박했고, 적극적이었어요. 어쩌면 지현 씨는 방송을 통해 모두에게 양해를 구하고 싶었던 건지도 모르겠어요. 겉으로 보기에는 굉장히 잘생기고 똑똑한 아이인데, 가끔 우발적인 행동을 하는 것에 대해 '우리 아이는 이런 병력을 가지고 있고, 오랫동안 노력해왔지만 제어가 잘 안되고…' 이렇게 일일이 설명할 수가 없으니까요. 예능PD들이 방송을 만들면서 출연자에게 도움이 되는 일을 한다고 느낄 때가 거의 없잖아요. 오히려 방송을 위해 그들을 이용한다는 죄책감이 드는 경우가 많죠. 그런데 지현 씨네 가족을 촬영할 때는 이들에게 도움이 되는 것 같다는 생각이 들어서 저에게도 좀 특별했어요.

○ **정PD** 방송을 보면서 한편으로 제작진이 참 용감하다는 생각도 들었어요. 안 그래도 관찰 예능은 연예인 가족을 이용한다고 오해받는 경우가 많고, 더구나 이렇게 특별한 아이가 출연한다면 제작진이 욕먹기 쉽잖아요. 제가 연출자라면 나의 진심을 설명하고 싶은 마음이 있었을 거예요. '나는 좋은 제작자'라는 걸 드러내고 싶어서 진지하고 착하게 방향을 잡으려는 욕망을 누르기 어려웠을 텐데, 굉장히 담백하게, 평범한

관찰 예능에서 약간만 관점을 다르게 가져가셨더라고요.

○ **장PD** <내가 키운다>가 좋은 프로그램이고 의미 있는 프로그램이라는 건 알겠는데, 이게 어쨌든 예능 프로잖아요. 어떻게 웃음을 줄지 고민이었을 것 같아요.

● **김PD** 맞아요. 저는 사실 누군가의 캐릭터를 설정하고 희화화하는 버라이어티 장르에 익숙해서 이번 프로그램이 굉장한 도전이었어요. 저한테는 어떤 사람의 삶을 진지하게 보여주는 게 너무 어려웠거든요. PD 일을 11년쯤 하면서 성장한다고 느끼기 쉽지 않았는데, 이 프로그램은 그랬던 것 같아요. 다른 PD가 더 잘할 수도 있었겠지만, 내가 할 수 있는 한은 다 했다고 생각해요. 웃음에 대한 부분은 처음 론칭할 때부터 고민이었어요. 웃음을 만들어내기 위해서 출연자에게 어떤 주문을 한다거나 인위적인 세팅을 할 수 없는 프로그램이기 때문에 지금도 어렵고요. 그런데 저는 만약 이 프로를 1회부터 다시 하게 된다면, 지금보다 더 다큐로 갈 것 같아요.

○ **장PD** 웃음을 위해 더 다큐로 간다? 그렇게 생각한 이유가 뭘까요?

● **김PD** 우선 관찰 예능은 억지로 웃음을 만들어낼 수가 없어요. 웃음에 대한 강박을 내려놓고 그냥 건조하고 리얼하게 아이들의 캐릭터를 보여주는 것에서 결국

다른 PD가 더 잘할 수도 있었겠지만,
내가 할 수 있는 한은 다 했다고
생각해요.

은 웃음이 나오더라고요. 사실 다큐멘터리가 슬프거나 진지한 것만은 아니잖아요. 재미있는 다큐도 많죠. 이걸 좀 더 이해했더라면 아이들을 더 풀어두고 촬영하지 않았을까, 그런 생각을 요즘 하고 있어요.

○ **장PD** 정다히PD도 비슷한 고민을 했을 것 같아요. <아무튼 출근!>도 직장인 브이로그니까 직접적으로 웃기기가 어렵잖아요.

○ **정PD** 맞아요. 저 역시 <무한도전>을 오래했기 때문에 누군가를 힐난해서 웃음을 만드는 것에 굉장히 익숙하단 말이죠.(웃음) 그런데 관찰예능은 출연자의 '삶'을 소재로 하다보니까 함부로 그걸 희화화할 수가 없어요. 김솔PD님의 이야기를 들으면서 저도 <아무튼 출근!>을 1회부터 다시 찍는다면 어떨까 생각해봤어요. 내가 이 프로그램을 통해서 말하려고 했던 걸 시청자에게 잘 전달하기 위해서는 우선 재미가 있어야 했구나, 더 재미있었다면 시즌1을 조금 더 길게 할 수 있었겠구나 싶어서 아쉬워요. 어떻게 더 잘할 수 있었느냐는 지금도 답을 찾고 있는 과정이고요. 예능PD는 어떻게 '세련된 웃음'을 만들지가 항상 고민이죠.

○ **장PD** 프로그램의 종영 과정도 여쭤보고 싶은데 괜찮을까요?(웃음)

● **김PD** 네네.(웃음)

○ **장PD** 종영이 결정된 이유는 시청률인가요?

● **김PD** 그렇죠. 다만, 추가로 촬영할 출연자의 라인업이 정해진 시기와 어긋난 게 조금 아쉬워요. 이 프로그

램은 워낙에 섭외가 어려웠어요. 감사하게도 몇 분이 먼저 연락을 주셨지만 저희가 이야기를 확장하고 싶은 욕심에, 결정을 기다리던 출연자들이 있었거든요. 만약 저에게 정해진 출연진들이 더 많았다면 종영 통보에 더 강력하게 어필해볼 수도 있지 않았을까 싶어서 좀 아쉽기도 해요. 실은 오랫동안 설득하던 어떤 분께 촬영 승낙을 받고 잘해보자고 이야기 나눈 날, 회사에서 종영 통보를 받았어요. 그분이 "조금 더 일찍 결단을 내리지 못해서 미안하다"고 하시더라고요.

○ **장PD** **정말 잔인한 순간이네요. 인생을 살다보면, 내가 결정하지 않은 일을 그저 받아들여야 하는 상황이 있기 마련이죠. PD에게 프로그램의 종영이 그런 일일 텐데, 지금 어떻게 마음을 추스르고 계신지 궁금해요. 김솔PD와 정다히PD, 두 분 모두에게 여쭤봐도 될까요?**

● **김PD** 일단 팀원들과 출연자들한테 가장 미안하죠. 만화 〈원피스〉의 루피처럼 "나의 동료가 돼라"고 하면서 시작했는데, 이제 "이 배는 끝났어"라고 말해야 하는 거잖아요. 특히나 이번 프로그램은 출연자의 삶에 들어가서 일상에 크게 개입할 수밖에 없었기 때문에 좀 더 많이 미안했던 것 같아요. 다들 마음을 열어서 본인의 개인사를 스스럼없이 말해줬고, '우리가 제작진과 출연

자의 관계이지만, 이런 이야기를 나눌 수 있는 사람이 생긴 게 좋다'고도 하셨거든요.

○ 장PD   PD의 입장이 참 아이러니한 게, 실은 나도 내 작품에 대한 종영을 통보받은 것인데 출연자와 스태프에게 끝을 알려야 하잖아요.

○ 정PD   예전에 어떤 선배가, 프로그램이 망하면 너한테는 한 작품이 망하는 거지만 스태프들은 생계가 끊기는 거라는 얘기를 하신 적이 있어요. 특히 막내 작가들은 그게 첫 프로그램인 경우가 많잖아요. 그분은 자기 커리어의 100%가 실패작이 되는 거니까 종영의 무게가 다르죠. PD는 스태프들에게 이 말을 달고 사는 것 같아요. "이번 달만 넘겨봅시다. 한 달만 지나면 저희 안정될 거예요." 그러고 나면 위에서 다음 미션을 주죠. 몇 회 더 지켜보겠다, 그때까지 어떤 숫자를 만들어라. 그러면 다시 "작가님, 이제 안정을 찾았지만 우리 4%만 넘겨봅시다. 지금 PPL도 들어오고, 잘 가고 있어요"라고 해야 해요.

○ 장PD   사전에 드린 질문지에서 김솔PD님이 PD에게 가장 중요한 덕목으로 '책임감'을 꼽아주셨는데, 요즘 책임감을 많이 느끼시나요?

● 김PD   프로그램을 떠나보내야 하는 상황이어서, 같이했던 제작진이나 유관 부서 담당자분들한테 연락을 돌리는 중이거든요. '그때 내가 다른 판단을 했다면 프로그램이 좀 더 오래갈 수 있었을까' 이런 생각이 많이 드네요.

○ 장PD PD가 '책임을 진다'는 게 무슨 뜻일까요. 프로그램이 종영되어서 누군가는 일자리를 잃고 모두가 뿔뿔이 흩어지게 됐을 때 PD가 일자리를 주선해주는 것도 아니고, 그 상황에서 어떻게 책임을 질 수 있는 걸까요? 제가 입사한 지 얼마 안 됐을 때 존경하는 선배가 그런 얘기를 했어요. PD는 결정하고, 설득하고, 책임지는 직업이다. 누굴 섭외할지, 어떤 제작진을 꾸릴지, 어떤 시간대에 어떤 프로그램을 만들지가 다 선택과 결정의 연속이죠. 다음엔 설득해야 하고요. 부장과 국장을, 스태프들을, 종국에는 대중을. 그러고 나서는 이것에 대해서 책임져야 한다, 그게 PD의 일이다, 이런 말씀이었는데요. 그때도 지금도, 앞의 두 개는 알겠는데 책임진다는 게 뭔지는 잘 모르겠어요. 프로그램이 종영될 때, 혹은 출연진과 제작진에게 하차 통보를 해야 할 때, '책임진다'는 말이 참 공허하게 느껴지거든요.

○ 정PD MBC 예능국 회의실의 테이블은 세로로 길게 생겼어요. 긴 책상의 맨 끝에 막내 작가가 앉고, 서브 작가, 메인 작가, 조연출들의 자리가 연차 순서로 올라오다가 반대쪽 끝자리에 제가 앉는데요. 저는 '책임감' 하면 항상 그 이미지가 떠올라요. 조연출 때부터 '언젠가 저기에 올라가서 내 가치관을 담은 프로그램을 만들고 싶다'고 생각했지만, 정작 메인 연출이 되고는 그 자리에 앉기 싫어서 출근하기가 괴로운 날이 있거든요. 요즘 저는, 나만 결정을 내리는 사람이라고 생각할 게 아니라 동료들에게 결정권을 많이 나눠주는 게 좋지 않나 생각해요. 제작 현

장에 가면 모든 사람이 PD의 입을 바라보고 있잖아요. 어느 순간 내가 너무 결정권을 독점하고 있는 것 같더라고요. 모두가 '저 PD가 결정하는 사람이야'라고 생각하는 건 나에게도 힘든 일이고, 스태프들이나 작가들의 잠재력을 묻어두는 일 같기도 해요. 결정을 내리는 건 용기가 필요한 일이죠. 그래서 저는 PD의 결정권을 가져가주는 용감한 제작진들을 정말 존경해요. 다만 그 결과가 잘못됐을 때 PD가 "왜 그렇게 했어"라고 묻지 않고, 마치 내가 결정한 것처럼 함께 수습해나가면 그게 PD의 '책임지는 일' 같아요. 그럼 다 같이 좀 더 가벼워지지 않을까요.

앞에서 인용한 허준이 교수의 말을 한 번 더 가져와본다. 성공은 '우연과 의지와 기질이 기막히게 정렬'된 일부에게만 주어지는 결과라는 말. 그렇다. 성공은 결과이다. 그런데 우리가 인생에서 '결과'를 받아드는 시점은 언제일까.

<아무튼 출근!>과 <용감한 솔로 육아-내가 키운다>라는 프로그램은 이미 결과지를 받았다고도 볼 수 있겠지만, 이 프로그램을 만든 사람들, 연출자를 비롯해 많은 제작진에게도 지금이 결과일까. 누군가의 인생 한 토막을 떼어내서 들여다보면 그 안에 기승전결이 있어 보이지만, 그 시간을 통과해가는 중에는 지금이 '기'인지 '승'인지 '결'인지 알수 없다. 혹은, 어디부터 어디까지를 기승전결로 삼을지는 본인이 정하기 나름이라는 게 더 맞는 말일지도 모른다.

인터뷰를 하고 몇 달 뒤에 정다히PD, 김솔PD, 박현정PD까지 넷이 다시 만났다. 정다히PD는 육아휴직을 갖고 다음 프로그램을 기획 중이었고, 김솔PD는 그 사이 회사를 옮겨 글로벌 OTT사에서 기획 업무를 하고 있었다. 박현정PD는 JTBC의 다른 프로그램을 공동 연출 중이었다. 이들의 다음 행보가 무엇일지 누가 알까? 이를테면 <스트릿 우먼 파이터>를 소위 '성공한 프로그램'이라고 치자. 최정남PD가 <스트릿 우먼 파이터>를 선보이기까지 걸어온 길의 어느 시점에 정다히, 김솔, 박현정 PD의 오늘을 넣어도 전혀 이질감이 없지 않은가.

설령 이번 프로그램이 이들의 마지막 연출작이라 해도, <아무튼 출근!>과 <용감한 솔로 육아-내가 키운다>는 참 좋은 프로그램이었다. 새로웠고, 유쾌했고, 따뜻했다. 이 안에 들어 있는 재미와 감동을 발견하기에 시간이 조금 필요한 프로그램이었을 수는 있다. 더 빠르고 즉각적으로 다가오게 만들지 못한 게 패인이라면 할 말은 없지만, 그래도 못내 아쉬워 이렇게 만든 이들의 이야기나마 남겨본다. 이들의 내일이 기대되어서. 아니, 이들의 오늘이 멋있어서.

넷플릭스

D.P.

넷플릭스

D.P.

Written by

김보통 작가

겁쟁이 도망자가 그리는
따뜻한 어둠

Interviewed by 장PD(장수연), 강PD(강인)
Date 2021.10.21.

출처: 넷플릭스

▷ D.P.

2021년 8월 공개된 넷플릭스 오리지널 드라마. 한준희 감독이 연출을 맡았고 한준희 감독과 김보통 작가가 극본을 공동 집필했다. 원작은 2015년 레진코믹스와 한겨레에 연재됐던 웹툰 『D.P. 개의 날』로 누적 조회수 1,000만 뷰 이상을 기록한 화제작이다. D.P.(Deserter Pursuit)는 군탈체포조, 즉 탈영병을 추적·체포하는 대한민국 육군 군사경찰을 뜻한다. 원작자인 김보통 작가가 D.P.병으로 복무했던 경험을 바탕으로 만든 이야기이다.

<D.P.>가 공개된 2021년, 넷플릭스는 상반기 내내 신규 가입자 수가 대폭 하락해 위기를 맞고 있었다. 8월 27일 <D.P.>를 시작으로 9월에 <오징어 게임>, 11월에 <지옥>이 잇달아 공개되자 분위기가 반등되었고, 3분기에는 기존 추정치(386만 명)보다 많은 438만 명의 신규 가입자 수를 기록했다. 'K콘텐츠가 넷플릭스를 구했다'는 언론의 호들갑은 <D.P.>의 성공 즈음 시작되었다.

● 김보통 작가

만화가, 수필가, 시나리오 작가, 드라마 연출자. 작품으로 만화 『아만자』, 『D.P. 개의 날』, 수필집 『살아, 눈부시게』, 『아직, 불행하지 않습니다』 등이 있다. 이 중 2021년 넷플릭스 오리지널 드라마로 만들어진 <D.P.>의 드라마 극본을 맡아 썼고, 왓챠 오리지널 드라마 <사막의 왕>을 연출했다. 힘들고 무거운 현실을 바라보는 따뜻한 시선, 적절한 위트가 담긴 그의 작품들은 여러 가지 형태로, 다양한 매체에서 사랑받고 있다.

대한민국의 거의 모든 남성이 청춘의 한 자락을 바치는 곳, 군대. <진짜 사나이>나 <강철부대> 같은 예능 프로그램들이 병영 생활에 대한 대중의 인식을 긍정적으로 바꾸는 데 일조했지만, 여전히 군대와 관련한 뉴스는 주로 총기 사고, 탈영, 병역비리 등 어두운 내용이 많다. 국가의 안전을 위해 살상을 허가받는 집단이라는 정체성, 여기에 의무 복무해야 하는 한국의 특수성이 더해져 지금도 많은 사회적 이슈를 파생시킨다. 영화나 드라마로 보기엔, 역시나 좀 버거운 이야기.

이 무겁고도 특수한 소재를 웹툰과 드라마에 들여온 김보통 작가는, 우선 용감하다. 대한민국 육군의 군탈체포조라는 지극히 한국적인 이야기로 글로벌 OTT인 넷플릭스 1위를 차지했으니 대단히 유능한 크리에이터라는 뜻이기도 할 것이다. 보기 괴로울 만큼 사실적인 이야기를, 보지 않을 수 없이 과감하게 펼쳐낸 <D.P.>는 큰 화제를 모았고 김보통 작가 역시 많은 주목을 받았다.

대부분의 인터뷰 요청을 거절해온 김보통 작가를 스튜디오에 초대할 수 있었던 건 지극히 사적이고도 우연한 행운이었다. 이따금 삶이 베푸는 호의에 대해 감탄하는 것으로 인터뷰를 시작했다.

○ 장PD 저희가 처음 만난 게 2018년이었나요?

● 김작가 네. 그즈음이에요.

○ 장PD 당시 제가 연출하던 <양요섭의 꿈꾸는 라디오>라는 프로그램에서 김보통 작가님을 초대했던 게 인연이 되어 김보통 작가님은 제게 양요섭 씨의 책 추천사를 부탁하셨고, 저는 작가님께 공개방송의 포스터 디자인을 부탁드렸죠. 부탁과 민폐로 다져진 사이라고 할까요.(웃음)

● 김작가 제가 장PD님께 받은 게 많죠. 지금이야 제가 〈D.P.〉로 조금 알려졌지만, 사실 그때는 만화가로 답이 없는 것 같아서 수필을 썼는데, 수필도 잘 안 팔려서 '나 이제 뭐 해야 하지?' 하던 차에 방송에 불러주셨거든요.

○ 장PD 전혀 사실이 아닙니다.(웃음) 웹툰 『D.P. 개의 날』과 『아만자』로 이미 주목받는 웹툰 작가셨고 에세이도 정말 좋았어요. 이번에 <D.P.>가 전 세계적으로 화제가 되면서 거의 3년 만에 조심스럽게 안부 인사를 여쭸는데, 마치 3년 전의 대화가 이어지듯이 답을 주셔서 감동했습니다. 전화드렸을 때 작가님이 약간은 장난스럽게 이런 말씀을 하셨잖아요. <D.P.>가 너무 잘돼서 무섭다고.

● 김작가 약간 노이로제 상태였어요. 하루 종일 전화와 메일이 왔거든요. 뉴욕타임스, BBC 이런 데서도 인터뷰를 하자고 하니까 '이러다가 진짜 무슨 일 나는 건 아

닌가' 하고 겁이 나더라고요. 낯선 연락에 스트레스를 받던 차에 PD님의 전화를 받으니까 사실 반가웠어요. 그래서 진짜 편안하게 "요즘에 미치겠어요" 이런 이야기까지 했죠.

○ 장PD 저에게 "〈오징어 게임〉이 잘돼서 너무 좋다. 이제 잊힐 수 있을 것 같다" 이렇게까지 말씀하셨는데, 원래 좀 수줍음이 많으신가요? 콘텐츠가 잘되면 작가가 유명해지는 건 숙명일 텐데요.

● 김작가 사실 굉장히 오랫동안 대박이 나면 좋겠다고 바라면서 살았어요. 하다못해 장PD님이 부탁했던 〈환경 콘서트〉의 포스터를 그릴 때나 〈양요섭의 꿈꾸는 라디오〉에 출연할 때도 '이걸로 유명해지지 않을까?' 생각했거든요. 그런데 막상 모든 사람이 〈D.P.〉에 대해 이야기하니까 '이건 나랑 안 맞는구나'라는 걸 깨달았어요. 넷플릭스 1위에 올라가 있는 동안 열흘 정도를 앓아누웠어요. 이명도 심하고 아무것도 못 하겠어서 그냥 침대에 누워 잠만 잤어요. 〈오징어 게임〉이 나와서 1위가 바뀌니까 그때부터 숨이 쉬어지고, 일도 좀 할 수 있겠고, 웃음도 나오더라고요. 〈오징어 게임〉에 얼마나 고마웠는지.(웃음)

○ **장PD** 작가님의 데뷔작이 『아만자』였고, 두 번째가 『D.P. 개의 날』인데, 둘 다 경험에 기반해 쓰신 작품이죠?

● **김작가** 네, 제가 약간 특수한 경험을 했기 때문에 '이걸 이야기로 풀어야겠다'라고 생각한 거죠. 그래서 어찌 보면 저는 조만간 밑천이 바닥날 작가가 아닌가 생각해요.

○ **강PD** 글쎄요. 정도의 차이는 있지만 많은 사람이 겪었을 법한 경험 같은데요. 한국 남자라면 대부분 군대에 다녀오고, 가족이나 가까운 지인 중에 환자가 있는 경우도 적지 않잖아요. 여기에서 이야기를 발견하신 게 작가로서의 특별한 시선 아닐까요?

● **김작가** 제가 군대에서 D.P.병으로 복무할 때, 그냥 '사복 입고 밖에 나갈 수 있으니까 좋다'라고만 생각하는 사람도 있었어요. 그런데 저는 '이게 뭐 하는 뻘짓인가?'라는 생각이 들더라고요. 제가 탈영병을 찾아서 데려오면 부대에서는 또 누군가 때리고 있어요. 때리는 구조를 없애는 게 탈영병을 줄이는 제일 확실한 방법인데 그런 고민보다는 잡아올 생각만 하는 거죠. 탈영병을 잡아오는 일을 병사한테 시키는 것, 징집제도하에서

서로가 피해자인 것이 너무 희극 같았어요. 상황을 그런 식으로 바라보는 걸 보면 제게 '작가로서의 무언가'가 있긴 있나봅니다.(웃음)

○ 장PD   자신의 경험을 찬찬히 들여다보시는군요. 원래 그런 성향인 사람들이 창작자가 되는 걸까요, 아니면 창작자가 되는 과정 중에 스스로 훈련을 하는 걸까요?

● 김작가   모르겠어요. 그런데 저는 어릴 때부터 망상하는 걸 좋아했어요. 사실은 경제적인 형편 때문이었는데, 현실에 즐길 거리가 많으면 망상을 잘 안 하겠죠. 이것도 할 수 있고 저것도 할 수 있으면, 이거 하고 저거 하면 되니까요. 그런데 저는 현실에서 할 수 있는 게 없으니까 망상만 했던 거예요. 이야기를 만드는 게 취미였거든요. 돈이 안 들잖아요. 보통 사람들이 책 읽는 건 돈이 안 드는 취미라고 말하는데, 저는 집에 책도 없었기 때문에 도서관에서 근로 장학생을 할 때 처음으로 책을 많이 읽었어요. 그러면서 책 읽는 재미를 알았고, '이 재미있는 걸 나도 하고 싶다. 나도 이렇게 재밌는 이야기를 만들고 싶다'라는 생각에 혼자서 연습장에 짧은 이야기를 만들었죠. 그건 돈이 안 드니까. 그게 지금 먹고사는 데 도움이 되는 것 같아요.

○ 장PD   작가님은 스토리 창작의 작법을 교육기관에서 배운 적이 없고 대학에서 관련 전공을 하지 않으셨어요. 작가님처럼 전문적으로 배우지 않고도 활발하게 멋진 작품을 만들고 있는 분들이 꽤 계시죠. 그래서 창작이라는 게 근본적으로 배울 수 있는 것인가, 배운다는 게 어떤 의미가 있는가, 이런 의문이 들기도 해요.

● 김작가   "선무당이 사람 잡는다"는 말이 있잖아요. 제가 저희 직원들과 이야기하거나 어딘가에서 강의할 때 이 말을 생각해요. 전공을 하고 이론적으로 배우면 물론 기술적인 부분은 체계적으로 학습할 수 있겠지만, 자기도 모르게 테두리를 만들어버리는 것 같아요. '이건 작법상 안 맞는 거야', '이런 식의 전개에 대해서는 배운 적이 없어', '이런 아이템을 다룰 때는 이렇게 해야 해'라고 제한을 두는 거죠. 그런데 제가 제일 많이 들었던 말이 "근본이 없다"였거든요.(웃음) 만화를 처음 그릴 때 '이렇게 근본 없는 그림으로 만화를 그리다니!' 하고 개탄하는 독자들이 있었고, 만화가들이 '저렇게 근본도 없고 기술도 떨어지는 사람이 만화가라니!'라고 얘기한다는 걸 들은 적도 있어요. 사실 드라마도 비슷할 거예요. 누군가는 '굴러들어 온 돌이 뭣도 모르고 쓴 게…'라고 생각하겠죠. 그런데 저는 모르기 때문에 그냥 마

음대로 했던 게 오히려 강점이 되지 않았나 생각해요.

○ **강PD** 맞는 말씀이라고 생각해요. 제가 어느 예술학교에 입학했을 때, 유명한 시인이었던 당시 총장님이 입학식 축사로 이런 말씀을 하셨어요. "이제부터 너희들은 예술가로 잘되긴 글렀다. 세상 어느 예술가도 예술학교를 나와서 예술가가 되지 않았다. 그러니 여러분은 지금부터 그것을 깨기 위해서 열심히 노력하거나, 아니면 학교를 나가도록 해라."(웃음) 그 이야기를 잊을 수 없어요. 김보통 작가님은 '근본이 없다'라고 표현하셨지만, 작가님만의 암반수를 파 내려가신 것 아닐까요. 저는 사람들에게 모두 자기만의 '이야기의 수맥'이 있다고 생각해요. 얼마큼 깊이 들어가야 그 맥을 만날 수 있는가는 조금씩 다르겠지만요.

작가님이 어릴 때 망상을 많이 했다고 말씀하셨는데, 사실 같은 생각을 5분 이상 유지하기가 어렵잖아요. 요즘은 집중을 흩트리는 것들이 훨씬 많은 시대기도 하고요. 하나의 생각을 붙들고 나의 수맥을 만나러 깊이 내려가는 일, 이것을 망상이라고 표현한다면 김보통 작가님은 그걸 굉장히 잘하는 분인 거죠. 세상에는 표층수도 있고, 중간 어디쯤 있는 물도 있고 샘물도 있을 텐데, 작가님은 아주 깊은 바닥에서 암반수를 퍼올리신 겁니다.(웃음)

● **김작가** 그런가보네요. 저는 파느라 정신이 없었는데, 뭘 파긴 팠나보네요.(웃음)

▶▷▶

경험이란 어느 순간에 일어난 객관적 사건이 아니라, 그것을 해석하고 관찰하며 주관적으로 '형성'되는 무엇인지도 모른다. 비슷비슷한 연애 이야기, 흔하디흔한 삶의 에피소드여도 이야기를 펼쳐내는 사람의 시각에 따라 아는 맛이 새로운 맛으로 바뀐다. 어쩌면 모든 창작자가 추구하는 게 이런 재미일 수도 있다. 세상에 다시없을 새로운 이야기를 찾아내려는 욕심보다, 너도나도 겪어본 그곳에서 미처 보지 못했던 조각을 발견하기를 꿈꾼다. 이야기의 많은 부분을 자기 경험에서 가져왔다는 김보통 작가의 작품은 우리의 일상에서 크게 궤를 벗어나지 않으면서도 특별한 울림을 준다. 하여, 그가 했다는 경험이 얼마나 드라마틱했을지가 아니라, 그걸 오래 들여다본 시선이 어떤 온도였을지를 상상하게 만든다.

○ 장PD 『며느라기』의 수신지 작가님이 이런 말씀을 하셨어요. "시작하는 것은 쉽다. 끝내는 게 어렵다. 쓰고 싶은 이야기는 많은데 이걸 끝까지 맺는 건 어려운 일이다." 저 같은 범인들은 흔히 아이디어가 없어서 시작을 못 한다고 생각하기 때문에 그 말씀이 굉장히 인상적이었는

데, 김보통 작가님은 어떻게 생각하시는지 같은 질문을 드려보고 싶어요. 이야기를 시작하는 게 어려운가요, 끝내는 게 어려운가요?

● **김작가** 저도 같은 생각이에요. 상대적으로 많은 작가 지망생이 '흥미로운 시작'을 만드는 건 자신 있어해요. 저에게 원고를 봐달라고 보내오는 것들도 보면, 이야기의 씨앗을 심어서 싹을 틔우는 것까지는 정말 신박하게 잘들 해요. 어떻게 이런 상황과 설정을 만들어낼까 싶은데, '이야기가 어떤 고난을 겪어서 어떤 우여곡절 끝에 어떠한 결말에 다다르는가'에 대해 물으면 '거기까지는 생각을 못 했는데요'라고 답하는 경우가 많거든요.

저는 이야기의 끝이 '내가 봐도 찌르르하다'라는 느낌이 와야 시작해요. 초반에 혹하게, 자극적으로 출발하는 건 사실 쉬워요. 너무 쉬워서 '이렇게 시작할까?'라는 유혹도 받죠. 하지만 내가 결말에 납득하지 못하면 다른 사람도 못해요. 그런 작품을 많이 만들어봤자 결과적으로 작가의 생명을 깎아 먹는 거예요. '저 사람은 초반에는 너무 흥미롭고 장대해. 그런데 끝에서는 자기도 무슨 얘기를 하는지 모르는 것 같아'라는 느낌이 드는 작가는 신뢰하기 어렵잖아요.

그래서 저한테는 작품을 시작하는 신호가 '마지막 장면

저는 이야기의 끝이
'내가 봐도 찌르르하다'라는
느낌이 와야 시작해요.

이 떠오르는가?'예요. 중간 과정은 아직 모르겠지만 어쨌든 마지막 장면을 떠올릴 때 뭔가 복받쳐 오른다면 '해야겠다'라는 생각이 들어요.

○ **강PD**　요즘은 웹툰이나 다른 미디어에서 인기를 끈 작품을 드라마나 영화로 제작하는 경우가 많다보니까, 원작 작가님들과 '이 작품의 어떤 면을 지키고 어떤 면을 각색할 것인가'를 종종 이야기 나누는데요. 김보통 작가님은 작품 구상의 방점이 결론에 있으니까, 원작을 각색할 때도 결론을 바꾸는 것에 예민한 편이신가요?

● **김작가**　제 작품 중에 『아만자』와 『D.P.개의 날』이 영상화됐는데, 『아만자』는 시나리오 작업을 제가 함께하지 않았기 때문에 철저히 연출자가 판단할 몫이라고 생각했어요. 실제로 원작과 많이 다른 이야기로 갔고요. 저는 "이건 바꾸면 안 돼요"라는 개입을 전혀 안 했어요. 〈D.P.〉는 공동 각본인데, 원래는 제가 공동 각본을 쓸 계획이 아니었거든요. 처음에 감독님이 바꿔도 되냐고 물으셔서 바꿔도 된다, 심지어 제목이 〈D.P.〉가 아니어도 된다고 했어요. 하지만 제가 작가로서 개입하게 되면 그때부터는 저도 제 인생을 걸고, 제 수명을 바쳐서 만드는 거잖아요. 원작을 훼손하기 싫다기보다는 '바꾸

는 건 좋은데 내가 납득했으면 좋겠다'라는 생각이 컸어요.

드라마 〈D.P.〉는 원작과 타임라인이 다르죠. 감독님께 '원작의 프리퀄을 다뤘으면 좋겠다. 원작의 독자들이 좀 더 다양하고 풍부한 이야기를 감상하는 재미를 느꼈으면 좋겠다'라고 말씀드렸고, 감독님도 동의하셔서 지금의 모양새가 된 거예요. '절대 바꾸면 안 된다' 이런 건 사실 별로 없어요. 더 재밌기만 하면 돼요. 오히려 제가 반대했던 건 원작을 드라마에 그대로 가져오는 장면들이었거든요. 저와 한준희 감독님이 함께 극본을 썼는데, 시나리오 단계에서는 제가 (원작의 장면들을) 계속 뺐어요. 더 좋은 걸 새롭게 만들고 싶다는 욕심 때문에요. 같은 걸 반복하고 싶지 않아요.

○ 강PD **계속 끊임없이 솟아나는 암반수네요.**

● 김작가 그런데 감독님이 촬영하실 때 슬쩍슬쩍 다 넣어서 찍으셨어요. 원작에서 좋았던 부분들을 넣고 싶다는 이유로 저한테 얘기 없이….(웃음) 그런데 드라마를 보니까, 감독님이 멋있는 장면에 딱 맞게 넣었더라고요. 그래서 인정했어요. 저는 그게 연출자의 역할이라고 봐요. 본인이 원하는 그림을 멋지게 그려낼 수 있으

면, 그건 제가 개입할 영역이 아니니까요.

저는 한준희 감독님과 같이 작업해서 너무 좋아요. 저희가 일하는 스타일이 재밌어요. 둘 다 상대를 설득하려는 생각을 별로 안 해요. 그냥 말없이 빼버려요.(일동 웃음) 상대방이 쓴 시나리오를 받아서 쿨하게 빼버리고, 다시 모르는 척하고 써서 보내면 제가 쓴 거 또 빼버리고, 그렇게 주고받다 보면 자꾸 섞여서 내가 쓴 건지 감독님이 쓴 건지 모르는 수준이 되거든요.

○ **강PD**   너무 놀랍고 훌륭한 형태의 콜라보네요. 이걸 감정적으로 받아들일 수도 있을 텐데요. 창작자 중에는 내가 만든 것을 나와 동일시해서 '내가 훼손당했다'고 여기는 분도 있는데, 작가님은 "내 손을 떠났다 다시 돌아오면, 그건 다시 내 거야" 뭐 이런 건가요?

● **김작가**   맞아요. 몇 번 하다가 먼저 포기하는 사람이 지는 거예요.(웃음) 상대방이 세 번쯤 안 고쳐서 돌아오면 '이건 진짜 넣었으면 좋겠다는 건가?' 하고 그냥 넣기도 하고요. 하지만 어쨌든 현장에서 최종 결정은 한준희 감독님이 하는 거니까, 저는 감독님의 판단이 맞다고 생각해요. 서운한 마음은 조금도 없어요.

○ **장PD**   나와 작품의 그런 거리 두기가 어떻게 가능하죠?

● **김작가**   다른 일 하느라 바빠서요.(웃음) 다른 것 쓰느라

바빠 죽겠는데 "이거 이렇게 찍을 거예요" 하시면, "알
았어요, 알았어요" 이러는 거죠. 중간에 편집본 보러 오
라는데 바빠서 못 간다고 한 적도 있어요. 그랬더니 편
집본을 보내주면서 검토하라고 하셔서, 안 보고 봤다고
뻥치고….(일동 웃음) 마감이 바빠서 볼 시간이 없었어요.

○ **장PD** **그만큼 여러 이야기를 동시에 굴리면서 일하시는 건가요?**

● **김작가** 네, 저는 하나의 이야기를 1년, 2년씩 붙잡고
있는 체질이 아니라서요. 제가 맥 컴퓨터를 쓰는데, 맥
은 배경화면을 여러 개 쓸 수 있어요. 거기에 프로젝트
A, B, C, D 이렇게 띄워놓고 번갈아 써요. 하나 쓰다가
'어후, 이제 좀 지겨운데' 그러면 장르를 바꿔서 다른 것
쓰다가, 급하게 빨리 C를 달라고 하면 "지금까지 C 쓰
고 있었어요" 이렇게 말하고.(웃음) 그러다 또 지겨우면
D 쓰고. TV 볼 때 채널 돌리는 느낌으로, 기분 전환도
하면서요.

○ **강PD** **'작업창을 네 개 띄우는' 게 아니라 '배경화면 네 개가 있다'**
고 말씀하셨잖아요. 시각적으로 배경화면이 바뀌는 게 나를 그 작업으
로 들어가게 해주는 '로딩'의 역할을 하나요?

● **김작가** 맞아요. 제가 트랙패드라는 걸 쓰는데, 손가락
세 개를 움직이면 배경화면이 다른 걸로 바뀌거든요. A

배경화면에는 A에 관한 문서만 쫙 떠 있어요. 시놉시스, 트리트먼트, 원고, 시퀀스 정리해놓은 것 등등이 뜨면 그것들을 쭉 보는 거죠. 게임을 바꿔서 하듯이, 혹은 영화를 바꿔서 보듯요. 전에 써놓은 내용을 잊어버려서 앞부분을 다시 보기도 하는데, 다시 보면서 '내가 썼는데 재밌네' 싶으면 그 뒷이야기가 궁금해져서 또 쓰고, 그러다가 막히면 다른 것 쓰고. 사람이 원래 공부할 때는 청소하고 싶고, 청소하다보면 공부하고 싶고 그렇잖아요. A를 쓰다가 막혀서 B를 썼는데, B를 쓰다보면 A가 또 재밌는 것 같아서 다시 A를 쓰다가, 그 와중에 중간중간 떠오르는 새로운 이야기는 따로 아이디어만 정리를 해놓고요.

○ **장PD** 몇 개의 뇌를 운용하는 것 같은 느낌인데요.

● **김작가** 재밌어요. 적성인 것 같아요.

○ **장PD** 이런 얘기를 들으면 타고난 창작자이신 것 같지만, 사실 작가님의 에세이를 보면 직장 생활을 하면서 힘들었던 시절 이야기가 많이 나오잖아요. 우울한 직장인에서 '이야기를 짓는 사람'으로 인생이 완

전히 바뀌었어요.

● **김작가** 네. 저 그 회사에 강의하러 갈 예정이에요. 거의 모든 강연 요청을 거절했는데, 이건 약간 〈복수혈전〉 같더라고요. 섭외 전화를 받고 제가 그 회사 출신인 걸 아느냐고 물었어요. 알고 부르는 거래요. 가면 좋은 이야기를 하나도 못 할 것 같다고 하니까 그러라고 부르는 거라고 해서 알겠다고 했죠. 가서 비장하게 욕만 하다 오려고요. 욕먹고 싶다고 부르는데, 가야죠.

○ **장PD** 재밌네요, 인생이.

● **김작가** 진짜 인생 재미있는 것 같아요. 정말 너무너무 나를 죽고 싶게 만드는 회사였는데.

○ **장PD** 탈영하듯이 퇴사하신 거잖아요.

● **김작가** 맞아요. 진짜 그냥 도망치듯이 즉흥적으로 퇴사했어요. 회사 건강검진에서 '극도의 우울증'이라고 나와서, 정신과에 가서 정밀 진단을 했어요. 의사가 쉴 수 있냐고 묻기에 못 쉰다고 했더니 회사가 어디냐고 묻더라고요. 회사 이름을 말했더니 "거기서 오는 분들이 많은데, 못 쉬시더라고요. 그러면 약을 처방해드릴게요" 하더라고요. 내가 행복하게 살기 위해서 회사에 들어갔는데, 결국 일하기 위해 약을 먹어야 하는 지경

이면 이건 뭔가 크게 잘못된 거라는 생각이 들어서 그날 인사과에 전화해서 퇴사하겠다고 말하고, 며칠 정리하고 그만뒀어요.

○ **강PD** 보통의 순간을 보통이 아닌 것으로 만들어가는 선택을 하고 계신 것 같아요. 작가님의 삶을 하나의 서사라고 할 때, 스토리 아크■에서 가장 드라마틱한 낙차를 만드는 선택을 하신다고 할까요. 뉴욕타임스의 인터뷰 요청은 거절하고 저희와 만나고, 퇴사할 때도 '일주일 고민하다가 그만뒀다' 이럴 수도 있는데 '약을 처방받고 바로 전화했다', 얼마나 멋있습니까.(웃음) 그래서 아마 작가님의 '이야기 샘'은 마르지 않을 거예요.

● **김작가** 그런데 저희 어머니 말로는 제가 겁쟁이라서 그런 거래요. 보통 사람들은 우울증 약을 먹으며 견디기도 하고, 혹은 상사에게 '내게 이런 어려움이 있다'라고 토로하며 상의하기도 하는데 저는 겁쟁이라서 "그래요? 그럼 퇴사할게요" 이런 거죠. 강PD님이 멋있게 애

■ 스토리 아크(Story Arc) : 서사 아크(Narrative Arc)라고도 한다. 이야기에서 일어나는 일의 연속적인 구성을 의미하는데, 시작점-전개-절정-하강점-결말의 진행이 호(arc)를 그리는 것 같다고 하여 쓰는 표현이다. 시작(혹은 결말)과 절정의 낙차가 크면 스토리 아크가 커지고, 낙차가 없는 잔잔한 스토리의 아크는 완만한 형태를 띠게 된다.

기해주셨지만 저는 사실 겁쟁이거든요.

○ **강PD** 겁을 내는 대상이 다른 것 같아요. 돈을 못 벌게 되는 것, 직장을 잃는 것을 두려워할 수도 있는데 작가님은 '나 자신이 그렇게 되는 게 제일 두려워'라고 느낀 거잖아요.

● **김작가** 그때가 아버지가 돌아가신 지 1년이 안 된 시점이었어요. 아버지가 돌아가시는 걸 보면서 저 모습이 내 모습일 수도 있겠다 싶은 거예요. 회사 생활을 열심히 하고 난 후 나한테 닥칠 미래가 저렇게 병상에 누워서 죽는 거구나. 심지어 아버지는 회사도 안 다니셨거든요. 나름대로 굉장히 즐기면서 사셨어요. 한 번도 출근이라는 걸 한 적 없이, 돈을 많이 벌지는 못했지만 어쨌든 본인 마음대로 사셨는데요. 그런 아버지가 돌아가시기 전에 천주교 신자로서 '종부 성사'를 하는데, 막 우셨다고 하더라고요. 어머니한테 미안해하며 울고, 또 억울하다며 울었대요. "나는 이제 행복해야 하는데, 왜 죽어야 해!"라면서요. 저는 아버지가 억울함이 없을 줄 알았거든요. 그냥 재밌게 사셨다고 생각했는데 억울하셨대요. 그럼 새벽에 출근해서 새벽에 퇴근하는 삶을 사는 지금의 나는 아버지와 같은 상황을 맞았을 때 억울하지도 못할 것 같다는 느낌이 들었어요. 그래서 겁

이 덜컥 났던 것 같아요. 겁이 나니까 냅다 도망친 거죠. 아무 계획도 없이.

○ 장PD 드라마 <D.P.>는 '탈영이 왜 벌어지는가?'라는 질문에 대한 긴 대답 같았어요. 저는 군대 경험이 없어서인지 탈영병을 이해할 수 없었거든요. 금방 잡힐 텐데 왜 탈영하는 건가 싶었죠. 그런데 드라마를 보면서 구조와 맥락이 보이더라고요. 뒷일을 생각할 새 없이 당장 여기를 벗어나야 했다는 게 이해되는 순간, 이게 '군인의 탈영'이 아닌 인간사 일반의 '도망'에 관한 이야기로 확장되어 다가왔어요. 선우정아의 노래 중에 '도망가자'라는 곡이 있는데 첫 가사가 이래요. "도망가자 / 어디든 가야 할 것만 같아 / 넌 금방이라도 울 것 같아." 여기서 핵심은 '어디든'이라는 단어 같아요. 어디든 가야 하는 게 도망이죠. 목적지가 있으면 여행일 거예요. 여기만 아니라면 어디든, 설령 그게 금방 잡힐 곳이라 해도 당장 여기서 벗어나야만 하는 것. 탈영이야말로 도망의 속성을 정확히 보여주는 예시 같아요. 이게 <D.P.>가 많은 사람에게 공감을 산 이유라고 생각해요. 도망가고 싶은 순간은 누구에게나 있으니까요. 학교, 회사, 관계, 타인의 시선, 외로움, 극한의 생활고, 때로는 삶 그 자체로부터 도망가고 싶기도 한 게 인생이지 않나요. 더구나 현재 한국 사회에서는 드라마 속 군대의 모습이 곳곳에서 재현되기도 하고요.

도전은 높은 확률로 깨져요,
깨지면 좌절하게 되고요,
저는 그게 악순환이라고 생각해요.

● **김작가** 제가 웹툰 작가로 데뷔할 때는 회사에 다녔다는 이야기를 하지 않았어요. 『아직, 불행하지 않습니다』라는 책을 내면서 회사원이었다는 게 밝혀졌는데, 방송이나 인터뷰에서 저를 '도전자'라고 소개하더라고요. 안정된 삶을 버리고 자아를 찾아 나선 웹툰 작가, 도전자. 저는 그때마다 계속 정정했어요, '도전자'가 아니고 '도망자'라고. 저는 도망쳤다가 우연히 얻어걸린 사람이에요. 회사를 그만둘 때 맨 처음 하려고 했던 건 클럽 디제이였어요. 이것도 망하고, 저것도 망하고, 다 망하다가 마지막에 하나 얻어걸린 게 만화가였어요. 방송에서는 '도망자 김보통' 이렇게 소개하면 아무래도 시청자들이 별로 안 좋아할 테니까 '과감히 대기업을 때려치운 도전자'로 포장하셨는데요. 그럴수록 이 사회에서 사람들이 점점 도망치는 걸 무서워하게 되고 '도망이 아니라 도전을 해야 한다'며 비장해져요.

도망의 좋은 점은 비장하지 않다는 거예요. 일단 내 눈앞의 똥이 싫어서 피하는 거거든요. 똥에 맞서 싸워야겠다고 생각하는 게 이상한 거잖아요. 비장해지지 말고 도망쳐서 일단 뭐라도 하자, 그게 다음 단계로 이어지다가 길이 보이는 거지 비장해지면 도망치지 못하고 과감하게 도전을 한단 말이에요. 도전은 높은 확률로 깨져요. 깨지면 좌절하게 되고요. 저는 그게 악순환이라고 생각해요.

"저도 웹툰 작가/수필가/드라마작가가 되고 싶은데 어떻게 해야 하나요?"라는 질문을 자주 받아요. 그럴 때마다 "당신은 아마도 굉장히 높은 확률로 못 될 것이다"라고 말해요. 그러면 반응이 되게 안 좋아요. 기대했던 답이 아니니까요. 하지만 저부터가 되자고 해서 된 사람이 아니에요. 뭔가 멋있는 말로 "이렇게 하면 될 겁니다"라고 했다가 안 됐을 경우 제가 그걸 감당할 방법이 없고, 그 일을 하려는 중에 어떤 기회가 왔는데 저의 어떤 말 때문에 그 길을 놓치는 게 싫어요. 그러니 제가 할 수 있는 얘기는 '안 될 수도 있다고 생각하고 살아라, 나부터가 디제이 하려고 회사 그만뒀다가 여기까지 흘러온 것이다'라는 것뿐이죠.

이건 사실 일본의 영화감독 기타노 다케시가 한 말이에요. 자기는 "축구 선수가 되기 위해서 열심히 축구를 하며 살았다"보다 "열심히 살다보니 어느 날 축구 선수가 되어 있었다"가 더 멋있다고 하더라고요. 저도 그게 좋아요. 제가 회사를 그만두면서 '나는 10년 뒤에 넷플릭스에서 1등 하는 드라마작가가 될 거야'라고 비장하게 생각했으면, 아마 중간에 좌절하고 고꾸라졌을 거예요. '잘 모르겠지만 뭘 해도 먹고는 살겠지'라며 살다보니까 이런 날이 온 게 아닌가 해요.

○ **강PD** 작가님의 이야기를 듣다보니, 남들과 다른 방식의 위트가 있다는 느낌이 들어요.

● **김작가** 저는 기본적으로 약간의 패배주의가 있어요. 저보다 더 안 좋은 형편에서 자란 분도 물론 계시겠지만, 어쨌든 제 주변에서는 저보다 더 절망적인 사람이 없었거든요. 일례로, TV에서 KFC 광고를 보면서도 중학교 때까지 그게 실존하는 거라는 생각을 못 했어요. 내 행동반경 안에 KFC가 없었고, 내 돈으로 무언가 사 먹는 행위를 한 적도 없었으니까요. 그러다가 중학교에 가서 친구들이랑 소풍을 갔는데, KFC가 실제로 있는 거예요! 이게 진짜 있는 거구나, 이걸 사 먹을 수가 있구나 깨달았죠. 줄을 서서 햄버거를 시키고 덜덜 떨면서 가져오다가, 친구 한 명이 콜라를 엎었어요. 탄산음료가 리필이 되는 걸 저희는 당연히 몰랐죠. 그래서 제가 비장하게 "내가 안 마실게" 했더니 옆 테이블에 있던 대학

생 형이 "그거 다시 달라고 하면 줘" 하더라고요. (웃음) 어떻게 보면 슬픈 장면일 수 있는데, 저는 재미있었던 일로 기억하고 있어요. 그럴 수 있는 건 부모님 덕분이에요. 유년 시절에 방 한 칸에서 네 가족이 365일 부대끼면서 살았는데, 저는 그때 너무 행복했어요. 바퀴벌레와 쥐는 기본이고 창문이 없어서 문을 닫으면 완전히 암흑인 방이었어요. 그 따뜻한 어둠 속에서 엄마, 아빠, 동생이랑 같이 뒹굴었던 시간이 저한테는 세상에서 제일 행복했던 기억이에요.

김보통 작가가 다음 일정을 위해 급히 이동해야 해서 인터뷰는 이렇게 마무리되었다. 그가 떠난 스튜디오에 '따뜻한 어둠'이라는 단어가 둥둥 떠다니는 듯했다. 창 없는 단칸방의 어둠이 아늑할 수도 있다는 것, 생각해보니 이건 그의 작품에 일관되게 묻어나는 믿음이었다.

<D.P.>는 2010년대의 대한민국 군대가 배경이지만 꼭 군대만의 이야기는 아니다. 인간을 서열화하는 조직 문화와 그로 인해 체화된 폭력의 서사이기에 군대 경험 여부와 상관없이 모두가 빠져들었다. 가해자, 방관자, 피해자의 어딘가에 발 담갔던 각자의 경험을 떠올리며 아프게 감상하게 되는 이야기. 그래서 분명 재미있는 드라마였지만, 보기 괴로운 드라마이기도 했다. 괴로운 재미라니, 따뜻한 어둠만큼이나 반어적이다.

김보통 작가는 한때 스스로를 '도망자'라 불렀고, 지금도 여전히 그 시절의 선택은 '도전'이 아니라 '도망'이었다고 바로잡고 싶어한다. 성공 지향의 사회에서 도망자는 쉽게 비난받는다. 그것이 자기 자신을 지키기 위한 필사의 행위였다는 것은 고려되지 않는다. 이 이야기를 만든 사람이 한때 추적자였으며 동시에 도망자였다는 것은, 그래서 우리를 안심하게 만든다. 전능한 시각으로 인물들을 판단하지 않고, 그들이 있는 바닥에 내려가 함께 구르며 이야기의 나아갈 길을 고민했다는 사실이, 나와 당신의 어둠 역시 따뜻해질 수 있다고 믿게 만든다.

▷ D.P. : 김보통 작가　　　　　　　　　▶ 225 min

JTBC
뜨거운 씽어즈

JTBC
뜨거운 씽어즈

Produced by

신영광PD

"인생을 담은 프로그램을
예능으로 만들어보고 싶었어요"

Interviewed by 장PD(장수연), 정PD(정다히)
Date 2022.04.13

출처: JTBC

▷ 뜨거운 씽어즈

2022년 3월 14일부터 5월 30일까지 11부작으로 방송된 JTBC의 예능 프로그램. 김영옥, 나문희, 김광규, 장현성, 권인하, 전현무 등 16명의 출연진이 소프라노, 알토, 테너, 베이스로 성부를 나누어 합창에 도전하는 내용이다. 출연진의 대부분은 시니어 배우들로 '나이 총합 990살, 연기 경력 500년'이고, 그중 막내가 방영 당시 45세였던 최대철 배우였다.

● 신영광PD

2013년 JTBC에 입사해 <힙합의 민족>, <히든싱어>, <비긴어게인> 등 음악 예능 프로그램을 주로 만들었고 입사 10년 차인 2022년 <뜨거운 씽어즈>를 기획, 연출했다.

우연히 SNS에서 나문희 배우가 '나의 옛날 이야기'를 부르는 영상을 보았다. 파르르 떨리는 목소리로 "쓸쓸하던 그 골목을 당신은 기억하십니까"라고 첫 가사를 읊조리는 순간, 숨이 턱 멎는 듯했다. <뜨거운 씽어즈>의 선공개 영상이었던 이 클립은 큰 화제가 되었고, 프로그램이 방영되자 많은 시청자가 매주 원로 배우들의 노래에 속절없이 빠져들었다.

나문희 배우가 노래할 때 그 자리에 있던 출연자 모두 눈물을 흘린다. 나 역시 울었다. 왜 울었을까? 왜 '사연 있는' 노래처럼 느꼈을까? 나문희 배우는 연기를 하는 사람이고 심지어 내가 익히 알고 있던 노래인데, 어째서 이 노래가 그의 진짜 이야기처럼 들렸던 걸까?

말한 적 없는 배우의 사연을 들은 것 같았다. 상영된 적 없는 영화를 본 것도 같았고. 두 시간짜리 영화를 보는 중 클라이맥스에서 주인공이 노래를 부르는 것 같은 착각이 들었다. 듣지 않았지만 들은 것 같고, 보지 않았지만 본 것 같은 그 이야기는 무엇이었는지, 곱씹어 생각했다.

배우라는 직업이 특별한 여러 이유 중 하나는 전 국민에게 커리어의 굽이굽이가 실시간으로 중계된다는 점이다. 무명이었는데 이제 떴네, 잘나가더니 요새 안 보이네, 모두에게 알려진다. 아마 내가 들은 '노래 밖'의 이야기는 그렇게 보아온 나문희 배우의 시간들이었을 것이다. 노배우가 노래할 때 이런 그림이 그려지리라는 걸 PD는 예상했을까? 어떻게 김영옥 배우에게 '천 개의 바람이 되어'라는 노래를 부르게 할 생각을 했는지 몹시 궁금했다.

○ **장PD**   30대 중반의 젊은 PD님이신데, 데뷔한 지 50년이 훌쩍 넘은 어르신들을 메인 출연자로 구상한 출발점이 궁금해요.

● **신PD**   어릴 때 할머니께서 저를 키우셨어요. 저한테는 할머니가 엄마였고, 세상에서 제일 소중한 존재였죠. 늘 할머니와 연결되어 있다는 느낌도 있었고요. 그런 유년 시절 때문인지 PD가 되고 나서도 어르신 출연자분들께 좋은 감정을 가지고 대했던 것 같아요. 김영옥 선생님도 거기에 화답해 저를 친손자처럼 생각해주셨고요.

그러던 와중에 윤여정 선생님이 오스카에서 상을 받으실 때, 그분의 이야기에 어른들이 아닌 청년들이 뜨겁게 반응하는 걸 봤어요. '윤여정 어록'으로 인터넷에서 화제가 많이 됐잖아요. 흔히 꽉 막힌 어른들을 '꼰대'라고 하면서 싫어하지만, '좋은 어른'에는 오히려 목말라 한다고 느꼈어요. 그렇다면 '내가 아는 제일 좋은 어른은 누구지?' 했을 때 김영옥 선생님이 떠올랐어요. 아니나 다를까, 시청자분들이 출연자들의 노래뿐 아니라 그분들의 캐릭터에서도 매력을 느끼는 것 같아요.

○ **장PD**   김영옥 선생님과 원래 잘 아셨나요?

● **신PD**   제가 〈힙합의 민족〉 조연출을 할 때 영옥 선생

님 담당이었어요. 그때 연을 맺고 계속 뵈어왔죠.

○ **장PD** 저는 출연자를 처음 발굴해서 대중에게 소개하는 PD들이 신기하기도 하고 부럽기도 해요. 저 출연자에게 저런 면이 있다는 걸 어떻게 알았을까 궁금하고요. 특히 배우들은 예능에 자주 출연하지 않기 때문에 실제 성격이 어떤지, 누구랑 친한지 잘 모르잖아요. <뜨거운 씽어즈>에 출연한 배우들도 드라마나 영화를 통해서 얼굴은 익숙하지만, 자신의 본모습으로 프로그램에 출연하는 건 처음인 경우도 많은데 다들 너무 귀엽고 매력적이에요. 첫 화에서 출연자들이 한 명씩 등장할 때마다 우리가 미처 몰랐던 그분들 사이의 인연이 드러나는데, 그걸 보는 재미도 컸어요. 제작진이 미리 알고 계셨던 거죠? 어떻게 알게 되었나요?

● **신PD** 어느 정도 알고 있었죠. 왜냐하면 이게 합창이 잖아요. 그냥 노래 실력만 보고 섭외할 수도 있지만, 서로 접점이 있는 사람들로 멤버를 구성해서 그동안 몰랐던 각자의 인생도 공유하고 합창도 하는 그림이면 좋겠다고 생각했어요. 심지어 처음에 생각했던 건, 그냥 배우분들이 일주일에 한 번씩 와서 마치 동호회 활동처럼 편하게 노래하는 모습이었어요.

○ **장PD** '노래 교실' 같은 느낌인가요?

● **신PD** 맞아요. 그런데 실제로는 출연자분들이 모두 엄청나게 열심히 하시죠. 저와 메인 작가님은 이 프로

그램을 '투 트랙'으로 구성했어요. 첫 번째로는 어쨌든 노래를 잘해야 한다는 것. 제가 그동안 음악 예능을 많이 해왔는데, 일단은 노래가 '들을 만해야' 해요. 두 번째로는 노래 실력이 살짝 부족하더라도 멤버 간 케미가 맞아야 한다는 것. 거기서 오는 감동이 분명히 있거든요. 이 두 가지를 같이 보면서 섭외를 진행했어요.

○ **정PD** 보통 예능 프로그램을 세팅할 때 메인 출연자를 먼저 정해놓고 그분에게 같이하고 싶은 사람이 있는지 묻기도 하잖아요. 혹시 그런 섭외도 있었나요?

● **신PD** 추천을 받긴 했지만 그분에게 '누구를 섭외해주세요'라고 부탁하지는 않았어요. 만에 하나 저희가 구상한 그림과 맞지 않으면 곤란하니까요. 그리고 섭외할 때 화음도 고려해야 했어요. 테너, 베이스, 알토, 소프라노 중에서 어느 한 파트만 출연자가 많으면 안 되잖아요.

○ **정PD** 섭외 단계에서 출연자의 파트까지 생각하셨다고요? 어떻게 그게 가능하죠?

● **신PD** 예를 들어 이병준 배우는 워낙 저음이니까 누가 들어도 베이스, 이런 식으로 대략 구성해본 거예요. 제작진이 음악 전문가는 아니라 공부하면서 준비하다

보니 좀 힘들었어요. 그 와중에 또 예능적인 요소를 놓치면 안 되니까 김광규 배우, 이종혁 배우 같은 분도 섭외했고요. 노래도 잘하지만 예능 분량도 보장되는 분들이니까요.

▶▷▶

○ **장PD** 준비 기간이 어느 정도였나요?

● **신PD** 방송 5개월 전쯤 기획안이 정리됐어요. 회사에서 컨펌받은 바로 그날 저녁에 영옥 선생님께 연락드렸습니다. 광화문에 영옥 선생님이 자주 가시는 중식당이 있어요. 거기서 밥을 먹으면서 조심스럽게 말을 꺼냈는데, 너무 좋다고 하시는 거예요.

○ **장PD** 그 자리에서요?

● **신PD** 네. 제가 선생님이랑 지내온 세월이 10년 가까이 되는데, 더 늦기 전에 연출가로서 선생님의 좋은 모습을 담고 싶다고 말씀드렸어요.

○ **장PD** 감동적인 말이네요.

● **신PD** 진심이었어요. 선생님이 가시고 나서 매니저 분이 저한테 "선생님이 감독님을 정말 좋아하시나봐

요" 하시더라고요. 왜 그러냐고 하니까 하필 저와 만나기 직전에 다른 음악 프로그램에 출연하셨는데 "이제 노래는 절대 안 해. 못 하겠어" 그러셨대요. 그런데 제가 만나자마자 "선생님, 노래하시죠" 하니까 실장님이 속으로 '아무리 친해도 이건 힘들겠다' 생각하셨다는 거예요. 그런데 일말의 고민도 없이 "너무 좋겠다!" 라고 하셔서 놀랐다고 하시더라고요. 그 얘기를 듣는데 기분이 정말 좋았어요.

○ **장PD** **준비 기간 동안 시간을 제일 많이 들인 건 섭외였겠죠? 김영옥 선생님 다음은 누구였나요? 나문희 선생님?**

● **신PD** 나문희 선생님도 물론 염두에 두고 있었어요. 왜냐하면 제가 이 프로그램을 시작한 계기 중 하나가 〈디어 마이 프렌즈〉라는 드라마였거든요. 그렇게 인생을 담은 프로그램을 예능으로 한번 만들어보고 싶었어요. 〈뜨거운 씽어즈〉는 〈디어 마이 프렌즈〉의 예능 버전이라고 생각하시면 돼요. 기본적으로 그 드라마의 출연자분들을 섭외 대상으로 생각하고 있었는데, 마침 영옥 선생님이 추천해주셨던 거죠. 나문희 선생님도 워낙에 노래에 애정이 있으셨고요.

○ **장PD** **'시니어 배우들이 출연하는, 〈디어 마이 프렌즈〉의 예능 버**

전'이군요. 그럼 이분들이 모여서 '합창'을 한다는 것은 어떻게 나온 키워드일까요?

● **신PD**　예전에 어떤 가수분이 저한테 "노래가 너무 소비되는 게 싫다"라는 이야기를 한 적이 있어요. 요즘은 가수가 TV에서 노래를 부르려면 꼭 어떤 장치가 있어야 하고, 대결을 해야 하잖아요. 그냥 오롯이 음악 자체를 보여주는 프로그램이 있었으면 좋겠다는 이야기를 스치듯 하셨는데, 그 말이 계속 기억에 남더라고요. 처음에는 '왜 이렇게 노래로 매일 싸워야 하나'라는 약간의 반발심 때문이었어요. 싸우는 것의 반대는 '합'이니까 '그럼 합창을 해보자'라고 생각한 거죠. 뭔가 진솔하게 인생을 노래하는 분들이 합창과 어울리는 것 같아요. 물론 젊은 사람도 합창을 할 수 있지만 저는 시니어 배우분들의 합창이 더 궁금하더라고요.

○ **장PD**　우연인지 모르겠는데, 출연자들이 대부분 연극계에 오래 몸담았거나 무명 시절이 길었더라고요.

● **신PD**　오래 배우 생활을 하신 분들이 대부분 그럴 거

예요. 그런 인생을 살아오셨기 때문에 합창에 잘 어울린다고 생각했고요. 젊은 주연 배우들만 모아 합창을 했다면 더 이슈가 됐을 수는 있겠지만, 이렇게 하나로 뭉치는 작업은 힘들었을 거예요.

○ 장PD   PD님이 느낀 경쟁에 대한 피로감이 대중에게도 있었던 것 같아요. <뜨거운 씽어즈>는 '경쟁하지 않을 때의 재미'가 무엇인지 제대로 보여주는 프로그램이에요. 정확히 말하자면 '경쟁'이 없는 게 아니라 '탈락'이 없는 것이지만요.

● 신PD   그렇죠. 사실 저희의 파트 경쟁은 웬만한 오디션 프로그램보다 살벌해요.(웃음)

○ 장PD   탈락이 없는데도 출연자들이 굉장히 긴장하면서 노래를 불러요. 연출 면에서 매우 영리했다고 생각해요. 그 어떤 '탈락 있는' 오디션 프로그램 못지않게 출연자들이 긴장하는데, 심지어 배우분들이 막 손을 떠는 거예요. 활동한 지 50년 된 분들을 무슨 수로 긴장하게 만들겠어요. 이분들을 긴장하게 했다는 것, 이분들의 감정을 흔들어놓았다는 것 자체가 굉장히 좋은 연출이라고 생각해요. 화면에 손 클로즈업이 자주 나오던데, 주름진 손끝이 파르르 떨리는 모습이 감동적이고 신선했어요.

● 신PD   알아봐주시니 감사하네요. 연륜 있는 배우들을 긴장하게 만드는 것도 기획의 포인트였거든요.

<тv_screen>

<뜨거운 씽어즈>는
<디어 마이 프렌즈>의
예능 버전이라고 생각하시면 돼요.

</тv_screen>

○ **장PD**　제가 올해 마흔 살이 되었는데, 얼마 전에 이런 생각이 들었어요. '이제 어떤 소식을 들어도 놀라지 않을 것 같다.' 마흔 살쯤이면 누구나 이런저런 일들을 겪었을 나이죠. 제 경우 아빠가 교통사고를 당하셔서 11년째 병원에 누워 계시고, 5년 전에는 엄마가 돌아가셨어요. 4년 전엔 제가 갑상샘암 수술을 했고요. 어느 날 문득, 이 이상 놀랄 일이 있을까 싶더라고요. 누구한테 어떤 일이 벌어졌다는 전화를 받아도 '그럴 수 있지'라고 받아들일 것 같다는 느낌? 세상에 '절대 있을 수 없는 일'은 없다는 걸 알게 됐달까요. '우리 엄마도 돌아가셨는데, 뭐' 하면서 크게 놀라지 않을 것 같더라고요. 좋게 말하면 안정감이 생긴 거고, 다르게 말하면 삶에 무뎌진 거겠죠. 마흔에도 이런 생각을 하는데, 여든이 넘은 대배우는 어떨까요. 사는 게 정말 식상할 수 있잖아요. 그런데 그분들이 설레고 긴장하면서 도전을 한다는 게 묘하게 감동적이더라고요. 나문희 배우님이 "사는 게 재미가 있어!"라고 말씀하시는 장면이 제게는 각인되듯 마음에 남았어요.

● **신PD**　애기를 듣다보니까 장PD님이 저희 프로그램을 감명 깊게 봤던 포인트, 좋게 봐주신 이유가 하나로 모이는 것 같은데요, 사실은 그게 제가 이 프로그램을 기획한 의도이기도 해요.

제가 할머니 밑에서 컸다고 말씀드렸잖아요. 저한테는 세상에서 제일 중요한 존재가 할머니예요. 그래서 어릴 때부터 계속 '죽음에 대한 두려움'이 있었는데, 그건 제가 죽는 것에 대한 공포가 아니라 세상에서 제일 중요한 존재가 세상에서 제일 빨리 사라질 것에 대한 무서움이었어요. 마음의 준비라도 하고 싶은데 예행연습을 할 수도 없는 거잖아요.

그리고… 저도 3년 전쯤에 갑상샘암 수술을 했어요. 전절제 수술이었고 항암치료도 받았는데 저희 집에서는 아직 아무도 몰라요. 걱정하실까봐 말씀을 안 드렸거든요. 수술 바로 전날까지 고향인 부산에 있다가 왔어요. 수술하면 한 달 동안 목소리가 안 나오니까 한동안 연락이 안 될 텐데, 최대한 직전까지 집에 있어야 바빠서 그랬다고 말할 수 있잖아요. 알리바이를 만들었던 거죠. 나중에 알고 보니 제가 수술했던 그날 새벽에 할머니가 쓰러지셨더라고요. 목소리가 돌아온 후에 전화를 드려서 그제야 알게 됐죠. 그 시기에 삶과 죽음에 관해 굉장히 많이 생각했어요. '암'이라는 단어가 갖는 무게감이 있어서, 처음 선고받았을 땐 충격이 컸거든요. 제가 2월에 수술을 받았고, 7월에 할머니가 돌아가셨어요. 굉장히 힘든 해였죠. 그때 이후로 제가 완전히 바뀌었어요. 예전에는 시청률 잘 나오고, 재미있는 프로그램 만들어서 성공시키고, 유명한 PD가 되는 게 중요했는데 그때 이후로는 삶이 너무 아까운 거예요. 프로그램 하나를 만들더라도 그냥 휘뚜루마뚜루 하기 싫더라고요. '시간의 유한함, 삶의 소중함, 이런 걸 좀 드러낼 수 있는 의미 있는 프로그램을 만들면 좋겠다' 그런 생각을 했어요.

수술받고 회복하는 동안 여러 프로그램을 보면서 기획안을 썼는데요. 그때 이후로는 어떤 작품이든 드라마, 영화, 심지어 예능도 이 작품을 만든 PD가 삶과 죽음에 대해 한 번이라도 고민했는지가 보이더라고요. 하지만 예능 프로그램에서 마냥 진지하게 그런 이야기를 할 수는 없으니까, 어떻게 하면 전하고 싶은 메시지를 잘 녹일 수 있을까 많이 고민했죠. 처음엔 그게 '합창'은 아니었어요.

○ **장PD** 그럼 '합창'은 어떻게 떠올린 건가요?

● **신PD** 제가 어렸을 때 다니던 교회에서 노래 대회가 열린 적이 있어요. 할머니랑 저랑 손을 잡고 찬송가 405장 '나 같은 죄인 살리신'을 불렀는데, 저희가 1등을 한 거예요. 제가 예닐곱 살 때였는데 아직도 그 기억이 선명해요.

저희가 노래를 잘해봐야 얼마나 잘했겠어요. 사실 교회에는 노래를 잘하는 분들이 많거든요. 그렇지만 어쨌든 저희 노래에 감동했으니 1등을 준 거죠, 노래를 정말 잘하는 사람들은 2등, 3등을 주고요. 할머니가 돌아가시고 프로그램을 기획하는데 그 기억이 떠올랐어요. 꼭 노래를 잘해야만 서바이벌에서 1등을 하는 게 아니겠다 싶었고, 여러 장치를 고민하다가 합창을 생각했어요.

○ 정PD 저는 1, 2회를 보고 나서 PD가 되게 힘들겠다고 생각했어요. 김영옥, 나문희, 서이숙, 김광규 등 원로 배우들이 자기를 소개하는 노래를 부르는데, 모든 무대가 감정의 밀도가 높잖아요. 이 텐션을 어떻게 유지하려나 싶더라고요. 그런 고민은 안 하셨어요?

● 신PD 맞아요. PD들이 좀 힘들었어요. 편집하고 시사할 때 계속 눈물이 나더라고요. 이 프로그램을 만드는 우리가 느끼는 감정들이 화면 너머로 전달될까 고민했는데, 어느 정도는 전해진 것 같아서 다행이라고 생각해요.

○ 장PD PD님이 말씀하셨던 삶과 죽음에 관한 메시지들, 우리의 인생이 유한하고 그래서 삶이 소중하다는 이야기가 무대에 은은하게 묻어나요. 분명히 시청자들에게 전해졌다고 생각해요.

예전에는 시청률 잘 나오고,
재미있는 프로그램 만들어서
성공시키고, 유명한 PD가 되는 게
중요했는데 그때 이후로는
삶이 너무 아까운 거예요.

● **신PD** 그래서 너무 뿌듯해요. 제가 생각했던 것들을 오롯이 표현했기 때문에 후회는 없을 것 같아요.

○ **정PD** 우와, 그 말은 정말 부럽네요. PD가 온전히 자신의 기획으로 어떤 프로그램을 선보일 기회는 평생 두세 번 있을까 말까 하잖아요.[■]

● **신PD** 아픈 후에 복귀하면서, 프로그램 하나를 해도 좀 의미 있는 걸 하고 싶었어요. 오래 고민하고 시작한 프로그램이라서, 힘들긴 해도 후회 없이 하고 있습니다.

▶▷▶

○ **장PD** <뜨거운 씽어즈>는 규모가 굉장히 큰 프로그램이에요. 일단 듀레이션[■]이 길죠. 특히 1, 2회는 두 시간 이상이더라고요. 출연자도 많고, 그 출연자들 한 명 한 명이 모두 개인의 무대를 갖기 때문에 조명, 음향 등등을 각각 세팅해야 할 거고요. 또 기본 포맷이 합창이니까 준비 과정도 엄청나겠죠. 이렇게 스케일이 큰 프로그램을 끌고 가다보면 자연스럽게 '한 사람이 감당할 수 있는 범위 이상'의 일을 하는 상황이 되잖아요. 어떻게 버티고 계시는지 궁금해요.

■ PD들도 '맡겨진 프로그램'을 연출해야 하는 경우가 훨씬 많다.
■ 듀레이션(Duration) : 방송사에서 할당한 편성 시간. 즉, 프로그램의 길이.

● **신PD**   다음에는 꼭 출연자 두세 명만 나오는 스튜디오물을 해야겠다고 다짐하고 있어요.(웃음) 소속사랑 전화하는 것만으로도 하루가 다 가요. 같이 일하는 PD, 작가들도 너무 고생해서 항상 미안한 마음뿐이에요.

○ **장PD**   PD가 총 몇 명인가요?

● **신PD**   열한 명 정도예요.

○ **장PD**   많은 편인가요?

○ **정PD**   전혀요. <뜨거운 씽어즈> 정도의 큰 규모에 PD가 열한 명이면, 특히 1, 2회 때는 메인 연출을 정말 많이 원망했겠네요.(웃음) 후배 PD를 눈치도 많이 보게 되지 않나요?

● **신PD**   정말 힘든데, 한 주 한 주 겨우겨우 넘기고 있어요. 그래도 저는 제가 하고 싶었던 기획물이니까 힘들어도 재미있게 하는데 후배 PD들은 어떨지 모르겠네요.(웃음)

○ **정PD**   사전 질문지에 요즘 고민이 '모두의 적이 되지 않을 수 있을까?'라고 쓰셨는데, 그런 의미인가요?

● **신PD**   어느 조직이든 리더가 되면, 모든 사람의 적이 되는 것 같아요. 근데 뭐, 끝까지 정말 적이 되기도 하고, 다시 화해하기도 하죠. 프로그램이 잘되면 적에게 연락이 오기도 하고요.(웃음)

○ **장PD** 그동안 <히든싱어>, <비긴어게인> 같은 음악 예능 프로그램들을 주로 연출하셨는데, PD님의 의지였나요?

● **신PD** 음악 프로그램만 하겠다고 어필하진 않았지만, 조연출 때부터 음악에 신경을 많이 쓰긴 했어요. 예고 영상을 만들 때도 제가 직접 비트를 만들어서 쓰기도 했고요. 내가 직접 프로그램을 기획할 때가 오면, 가능하면 음악 프로그램을 하고 싶었죠.

○ **장PD** 음악을 언제부터 좋아하셨어요?

● **신PD** 태어날 때부터요.(웃음) 초등학교 때부터 김건모 모창을 하고 다녀서 친구들이 저에게 사인받으러 오고 그랬거든요. 그래서 〈히든싱어〉 김건모 편에 출연도 했어요. 대학교 때는 음악 공연단에서 활동했어요. 모터쇼나 대학 축제 같은 무대에서 공연도 많이 했는데, 그렇게 번 돈으로 친구들이랑 술 마시고 그랬죠. 제가 그때 기획부장이었어요. 저희가 공연할 곡 선정이나 공연 순서, 등퇴장 동선을 직접 짰죠. 그런 경험이 있어서인지 무대 위에 서는 사람들을 볼 때 그들이 어떤 기분일지 알겠더라고요. 여기서 이런 조명을 쏴주면 좋아하겠다, 이런 특수효과를 써주면 좋아하겠다, 이런 구성물을 넣어서 노래를 극대화하면 가수가 더 돋보이겠다,

이런 생각들을 많이 하는데, 무대 위에 서는 사람들을 이해할 수 있다는 게 PD로서 저의 강점인 것 같아요.

○ **장PD** 무대 위에 서면 어떤가요?

● **신PD** 무대에서 조명을 받으면 되게 따뜻해요. 기분이 좋아요. 그래서 저희 프로그램을 보면 핀 조명을 많이 쓰거든요. 무대에서 핀 조명을 받으면 따뜻하면서 눈이 부시고, 조명 외 나머지 부분들은 시야에서 다 사라져요. 한번은 제가 신입생 OT 때 몇천 명 앞에서 공연을 한 적이 있어요. 웅성웅성 소음이 들리다가 핀 조명이 저에게 딱 떨어지면, 그 넓은 공간에 저만 남거든요. 거기서 노래를 하는 거예요. 많은 사람이 나에게 집중하는 느낌이 시각이 아니라 분위기로만 전해져요. 나 혼자 넓은 공간에서 노래하는 느낌, 그런데 관객의 존재감은 분명히 있는 그 기분이 굉장히 묘해요.

▶▷▶

○ **장PD** 요즘 고민은 뭐예요?

● **신PD** 언제 쉴 수 있을까?(웃음) 저는 괜찮은데, 같이 일하는 후배 PD들이 너무 못 쉬고 있어서요.

○ 장PD 내가 생각해도 무리한 업무량을 요구해야 하는 상황이 많을 텐데 그럴 땐 어떻게 하시나요?

● 신PD 어떻게 하고 있는지도 모르겠네요. 오늘도 그렇게 하고 온 것 같은데.(웃음)

○ 정PD 메인 연출이 되면, 여기저기서 빚쟁이가 되는 것 같아요. 여기 미안하고 저기 미안하고. 그래서 전에 연출했던 선배들이랑 더 친해지더라고요.

● 신PD 너무 공감해요. "형, 내가 그때 생각이 짧았어요", "선배, 그때 제가 진짜 너무 미안했어요"라는 말을 하게 돼요.

○ 정PD 이건 제 얘기인데, MBC에서 예능PD들한테 가장 악명 높은 프로그램이 <무한도전>이었어요. 제가 <무한도전>을 두 번 했는데, 두 번째 갔을 때는 메인 조연출이었거든요. 저도 어느 정도 편집을 잘한다고 생각하고 짬도 찼다고 생각하니까 발언권도 세졌는데, 일하다보면 선배들을 이해할 수 없는 순간이 오잖아요. '뭐 그렇게 차이가 난다고 내가 이것 때문에 또 밤을 새워야 하지?', '아니, 이럴 거면 현장에서 그렇게 찍어 오지 왜 편집으로 만들라고 하나!' 이런 이야기를 선배들한테 했는데, 몇 년 후에 제가 메인 연출이 되고 나서 선배한테 연락했어요. 그때 정말 미안했다고. 당시 김태호 선배 밑에 공동 연출하는 선배가 세 명 정도 더 있었는데, 그제야 선배들이 말해주더라고요. "사실은 다히야,

너한테 얘기하러 편집실에 들어가기 전에 우리 셋이서 가위바위보를 했었어"라고요. 선배들도 괴로웠던 거죠. 조연출들이 하는 말이 맞는데 어떻게 할 수는 없고, 말을 하러 방에 들어가야 하는데 너무 들어가기 싫어서 가위바위보를 했다는 거예요.

○ 장PD 저도 처음 PD 일을 시작할 때는 단순히 '열심히 해야지'라고 생각했는데 시간이 지나면서 생각이 바뀌더라고요. '이건 내가 열심히 해야 하는 직업이 아니라 스태프들이 열심히 하도록 독려하는 직업이구나, 그게 PD에게 제일 중요한 능력이구나' 하고요. 왜냐하면 이건 혼자서 할 수 없는 일이니까요.

동료들을 독려할 때 중요한 포인트는 이것을 '내 프로그램'이라고 느끼게 하는 것, 비록 PD가 기획안을 써서 출발했다고 하더라도 이게 '나한테도 의미 있고, 내 커리어에 도움이 되고, 나도 재미있어서 만드는 것'이라는 마음을 갖게 하는 거라고 생각해요. 어떻게 하면 이게 가능할까가 저의 요즘 고민이기도 하고요.

● 신PD 저도 그 고민을 정말 많이 했는데요. 그나마 좀 떳떳하다고 생각하는 게, 저는 지금까지 프로그램을 하면서 한 번도 '내 것'이 아니라고 생각해본 적이 없어요. 조연출 때도요. 그래서 지금 이렇게 좋은 후배들을 만났나봐요.(웃음) 어떻게 하면 후배 PD들도 같은 마음으로 프로그램을 만들 수 있을까 고민하다가, 프로그램을

시작하기 전에 저의 기획 의도, 이 프로그램을 만들게 된 배경, 몸이 아프면서 생각했던 것들을 후배들한테 다 이야기했어요. 이렇게 시작하게 된 프로그램이니 좀 도와달라고요. 그래도 뭐, 그렇게 이야기하는 것과 일할 때 좋은 환경을 만들어주는 건 다르겠지만요.

○ **정PD** 기획 의도에 공감하는 것과 밤샘 편집이 닥치는 건 다른 얘기니까요.

● **신PD** 미안하다, 애들아.(웃음)

○ **장PD** 신PD님은 일할 때 멘탈이 센 편이신 것 같아요.

● **신PD** 글쎄요. 아까 말씀드렸던 인생의 터닝 포인트를 계기로 더 덤덤해진 것도 있어요. 시련에 휘둘리지 않고 담담하게 지내게 해달라고 기도하는 편이에요.

○ **장PD** 갑자기 궁금해지네요. 왜 예능PD가 되셨어요?

● **신PD** 대학 때 공연단 활동을 하면서 아예 공부를 안 했어요. 막연하게 가수가 되고 싶었는데, 막상 진지하게 진로를 생각할 때는 고민이 됐죠. 좀 이상하게 들릴 수도 있는데, 어느 날 교양 수업을 듣고 강의실에서 내려오는데, 햇살이 굉장히 좋은 날이었거든요. 아직도 기억나요. '내가 예능PD가 안 되면 누가 되지?' 이런 생

각이 드는 거예요.(웃음) 되게 재수 없죠? 그래서 그때부터 언론고시반에 들어가서 시험을 준비했어요.

○ **장PD** **햇살의 계시를 받아 예능PD가 되신 거예요?**

● **신PD** 안 됐으면 되게 부끄러울 만한 이야기죠.(웃음)

58회 백상예술대상 시상식에서 <뜨거운 씽어즈> 합창단이 영화 <위대한 쇼맨>의 OST인 'This is me'를 불렀다. 작품 속에서는 연기를 하고 작품 밖에서는 우아하게 앉아 있는, 우리가 익히 알고 있는 '완벽하고 화려한' 배우들 사이에 '노래하는 배우들'이 나타나는 순간, '균열'이라는 단어가 생각났다. 처음 나문희 배우가 '나의 옛날 이야기'를 부르는 걸 봤을 때와 같은 느낌이었다. 저 노래로 인해 내 안의 무언가가 흔들렸다는 감각. 이들의 노래가 완벽하지는 않았다. 배우가 완벽한 기량을 펼칠 수 있는 판은 연기이지 노래가 아니니 당연하다. 그래서 역으로, 배우들의 잔치인 백상예술대상 시상식이 이 프로그램의 최종 무대로 더없이 어울린다고 생각했다. 완벽하게 연기하고 완벽하게 우아한, 그래서 실체가 아닌 이미지로 느껴지던 배우들이 순식간에 사람처럼, 배우가 직업인 여느 사람들처럼 느껴졌기 때문이다. 애쓰고 두려워하고 도전하고 실패하고 성공하고 결국에는 나이 들어가는, 다만 조금 특별한 직업을 가진 그냥… 사람들. 신영광PD는 프로그램 안에 '삶과 죽음'이라는 주제를 담고 싶었다고 했다. 인생이 통째로 중계되는 이 특별한 직업인들이야말로 그 주제를 말하기에 더없이 훌륭한 소재이지 않은가 생각한다. 본인의 어설픔, 긴장, 애쓰는 모습이 생생히 드러날 수밖에 없는 낯선 판에 기꺼이 뛰어든 <뜨거운 씽어즈>의 출연자들이 존경스럽고, 이런 그림을 설계한 제작진이 더없이 멋지게 느껴진다.

▷ 뜨거운 씽어즈 : 신영광PD　　　　　　　　▶ 255 min

시간을 잡아먹는 컨테이너에

인생을 담는 일

▷ 장수연PD

신영광 PD의 터닝 포인트는 할머니의 임종과 본인의 암 수술이었다. 이후 그의 화두는 삶의 소중함과 생의 유한함이 되었고, '진짜가 아닌 것은 만들고 싶지 않아'졌다. 시나리오 작가 정서경의 터닝 포인트는 엄마가 된 일이다. 그는 인터뷰에서 둘째 아이를 낳고 갑자기 '똑똑해졌다'고 말했다.

"아이 둘의 공통점과 차이점이 보이면서 '아, 이게 인간이구나' 싶은 순간이 찾아온 거예요. 그러니 보이는 사람들이 다 귀여워졌달까. 갑자기 글이 잘 써지고 인물에 애정이 더 깃들었어요."

- '정서경의 세계'(코스모폴리탄, 2022.10)

신영광 PD가 여러 번 반복해 사용한 표현, '삶과 죽음'이라는 단어를 가만히 들여다본다. 역시, 삶과 죽음은 쌍둥이다. 살아 있어야 죽을 수 있고, 죽음이 있기에 생이 의미 있다. 무엇이 진짜인지 보이는 '개안'의 경험은 삶 혹은 죽음을 진정으로 인식해본 자에게 찾아오는데, 삶의 탄생을 목도하며 느끼는 것은 죽음을 통과하며 깨닫는 바와 다르지 않다. 아, 어디 나오는 얘기는 아니고 그저 나의 가설이다. 내게는 이 두 사람의 터닝 포인트가 같은 맥락으로 읽힌다.

프로그램을 만드는 데에는 너무 많은 사람의 너무 많은 시간이 투입된다. 무엇보다, 나의 시간과 에너지가 투입된다. 그렇게 만들어진 콘텐츠는 다시 많은 사람이 시간을 들여 감상한다. 이 사실이 예사롭지 않게 다가올 때가 있다. 시간이 곧 인생이라는 걸 깨달았을 때, '삶과 죽음'이 강렬히 인식될 때. 그러면 자연스레 고민은 이 질문에 닿는다. 어떤 프로그램을 만들 것인가. 너무 많은 사람의 너무 많은 시간을 잡아먹는 이 괴물 안에, 과연 무엇을 담아야 하는가.

물론 일하는 내내 시시각각으로 이런 고민을 할 수는 없고, 고민한다 해서 꼭 좋은 결과물로 이어지는 것도 아니다. 나는 아이를 셋이나 낳았고 암 수술 경험도 있지만, 정서경 작가처럼 똑똑해지거나 신영광PD처럼 '진짜가 아닌 것은 하고 싶지 않다'고 결연하지도 못하고 있다. 그러나 왜 콘텐츠를 만드는 일이 중요한지는 안다. 그것은 콘텐츠가 사람들의 돈이 아니라 시간을 빼앗기 때문이다. 물론 돈도 뺏지만 몇천 원, 혹은 몇만 원 정도이다. 프로그램을 감상하는 데 들이는 시간에 비하겠는가.

시간만큼 중요한 것이 있을까. 정다히PD는 "나의 결정으로 스태프들의 하루가 좌우된다"고 말했다. 우리의 시간을, 삶을 들이는 일이기에 허투루 할 수 없다. 내가 지금껏 살면서 가장 삶에 가까이 갔던 순간, 가장 죽음 근처에 갔던 순간을 떠올려본다. 한없이 어렵게 느껴지는 눈앞의 선택지가 조금 선명해지는 기분이다.

당신에게도 터닝 포인트가 있는가? 죽음 가까이에서 삶의 소중함을 절감해본 적이? 혹 지금이 그런 시간이라면 죽음 같은 절망이 쌍둥이처럼 삶의 희망과 동반하여 찾아오길, 그리하여 당신의 중요한 결정들을 돕게 되길, 진심으로 바란다.

MBC
옷소매 붉은 끝동

MBC
옷소매 붉은 끝동

Directed by
정지인 감독

투명인간이었던 이들을
세밀화로 그려내다

Interviewed by 장PD(장수연), 강PD(강인)
Date 2022.01.18

출처: MBC

▷ 옷소매 붉은 끝동

MBC에서 2021년 11월 12일부터 2022년 1월 1일까지 17부작으로 방송된 사극 드라마. 의빈 성씨 덕임과 조선의 22대 임금 정조의 이야기로 동명의 소설이 원작이다. 궁녀가 입는 옷소매의 붉은 끝동은 왕의 여인이라는 징표이다. 드라마는 이들이 그저 순종적으로 왕과 왕족을 모시는 인형 같은 존재가 아니었을 거라는 발상에서 출발한다. 궁궐 내 생활 전반을 관장하는 여관(女官)으로서 궁녀가 지녔을 여러 형태의 꿈과 행복을 생생히 묘사하여 한 명 한 명의 등장인물이 살아 움직이게 만들었다. 그리하여 <옷소매 붉은 끝동>은 '임금과 궁녀의 로맨스' 이상의 이야기였다. 궁녀와 왕이 사랑하는 사이가 될 때 실제 현실에서 어떤 일이 벌어질지 가늠해보는 것은 존재 간 '관계 맺음'의 본질에 대해 생각하게 했다. 인간은 진공 상태에서 감정만 주고받는 게 아님을, 서로의 일과 꿈, 상대방 외 다른 존재들과의 역학관계, 신분·사회적 지위와 권력의 격차가 그 관계에 깊숙이 개입하는 '환경'으로 존재한다는 사실을 드러냄으로써 마침내 특정한 시대, 특정한 남녀의 연애물이 아닌 현재 우리의 모습을 비춰주는 서사가 되었다. 최고시청률은 17.4%(닐슨, 전국시청률)로 최근의 드라마 시장에서 보기 드물게 높은 수치였다.

● 정지인 감독

2005년 MBC에 입사해 드라마PD가 됐다. 만화책, 애니메이션, 영화를 사랑하는 '덕후'로서 영화 잡지에서 짧게 기자 생활을 한 뒤, 보고 싶은 것을 직접 만들어보고자 드라마감독의 길을 택했다. <자체발광 오피스>, <손 꼭 잡고, 지는 석양을 바라보자> 등을 연출했고, 3년여의 준비 끝에 2021년 <옷소매 붉은 끝동>을 선보였다.

사극은 영웅의 장르이다. 이순신, 세종대왕, 정도전, 대조영, 연개소문 등 위인전의 주인공들이 다뤄진다. 해외 사극도 비슷해서 엘리자베스 2세나 헨리 8세처럼 업적과 과오가 뚜렷한 인물들이 사극의 타이틀 롤이 된다. 왕, 장군, 학식과 인망이 높은 정승, 최소한 왕가의 가족 정도가 주인공이다.

2021년 <옷소매 붉은 끝동>은 사극으로서는 과감하게도 왕보다 그 뒤에 총총 늘어선 궁녀 중 하나를 들여다보기를 선택했다. 왕실의 비극적인 가족사와 끊임없는 정쟁, 그 안에서 흔들리는 청춘들이 왕과 궁녀라는 신분을 넘어 사랑을 확인하는 설레는 이야기. 그러나 이 드라마를 '웰메이드 사극 로맨스'라고만 표현하기엔 부족하다. 주인공인 궁녀를 직업인으로 존중하는 일관된 시선이 <옷소매 붉은 끝동>을 특별하게 만든다. 빛나는 달의 뒷면, 그저 숨죽이고 윗전들의 시중이나 들다가 늙어가는 것처럼 보이는 평범한 궁녀들의 일상에도 사실은 다채로운 감정과 수런거림이 가득하였음을, 왕의 승은을 기다리는 것만이 최종 목표는 아니었음을 드라마는 보여준다.

정조 이산이라는 인물이 지닌 강렬한 서사와 입체적인 매력은 그간 여러 작가와 감독을 통해 변주되어왔다. 이산과 성덕임이 등장하는 기획안을 방송사가, 특히나 <이산>이라는 공전의 히트작을 보유한 MBC가 반기긴 어려웠을 것이다. 적잖은 난관을 헤치고 끝내 <옷소매 붉은 끝동>이라는 화제작을 만들어낸 과정을 들어보았다.

○ **장PD** 3~4년 전쯤에 정지인 감독님이 『옷소매 붉은 끝동』이라는 소설의 드라마화를 준비 중이라고 하면서, 한번 읽어보라고 하셨던 게 기억나요. 이 소설을 어떻게 처음 알게 되었나요?

● **정감독** 진짜 우연한 기회였어요. 2018년에 편성 회의를 같이했던 기획PD 한혜원 씨가 "선배님한테 이 소설이 딱 맞을 거예요"라면서 추천해줬거든요. 책을 펼치자마자 손에서 놓지 못하고 밤을 꼬박 새웠어요. 다 읽고 나니 '이건 내가 무조건 해야겠다'라는 생각이 들더라고요.

○ **장PD** 어떤 점 때문이었나요?

● **정감독** 일단 너무 재미있었어요. 여자 주인공의 감정선이 좋았고, 역사소설인데 이런 식의 감정 표현이 가능하다는 게 놀라웠어요. 울면서 마지막 페이지를 읽고 나니 해가 떠 있더라고요. 이런 작품을 언제 또 만날 수 있을까 싶어서, 다음 날 회사에 가서 "이건 무조건 구입하자" 말했고, 당시 CP였던 강대선 부장님과 한혜원PD와 함께 원작 구입을 추진해서 드라마화가 시작되었습니다.

○ **강PD** 사실 PD가 뭔가를 읽고 다음 날 "이거 합시다!"라고 말하는 건 할 수 있는 일인데, 이게 실제 드라마로 만들어지기까지는 정말 어려

움이 많거든요. 그 이후 고난의 길을 정지인 감독님께서 꿋꿋이 버티셨어요.

○ **장PD** 그 얘기를 좀 더 들려주세요. 원작의 판권을 구입하고 나면, 다음 단계는 뭔가요?

● **정감독** 일단 소설을 각색해줄 작가님을 찾아야 하는데, 제가 조연출 시절부터 알고 지내던 정해리 작가님이 마침 쉬고 계셔서 연락을 드렸어요. 처음에는 출산한 지 얼마 안 돼서 못 하겠다고 하셨는데, 일주일쯤 뒤에 다시 전화를 주셨어요. 해야겠다고. 생각해보니 지금 아니면 이런 작품을 해볼 기회가 없을 것 같다고 하시더라고요. 그래서 2019년 1월부터 작가님과 함께 작업을 시작했어요.

○ **장PD** 원작에 대단한 매력이 있나봐요. 감독님과 작가님 모두 이 작품을 읽고 나서 "꼭 하고 싶다" 하신 거잖아요.

● **정감독** 그렇죠. 정해리 작가님은 〈계백〉, 〈군주〉와 같은 사극을 계속 써왔는데, 사극 작가님들은 특히 영·정조 시대의 서사를 집필해보고 싶은 욕망이 있거든요. 〈옷소매 붉은 끝동〉에 나오는 궁녀들의 삶이나 감정들을 어떻게 표현할 수 있을까 많이 생각하셨던 것 같아요.

○ **강PD** 보통 사극은 사건이 중심인데, 이 작품은 인간의 욕망이나 감

정을 집요하게 파고들어 간다는 차이점이 있었어요. 그래서 조선시대를 배경으로 하지만 이야기의 내용이나 진행 방식이 현대적이라고 느껴졌고요.

○ 장PD 감독님이 한 인터뷰에서 "궁녀의 이야기를 하고 싶었다"고 하신 게 인상적이었어요. 영·정조 시대를 다루는 콘텐츠들은 많지만 거기서 궁녀들의 이야기를 하지는 않잖아요. 궁녀에게도 감정이 있고, 야망이 있고, 우정, 비밀, 지키고 싶은 것이 있다는 것, 궁녀도 입체적인 인간이라는 것을 보여주는 사극은 본 적이 없거든요.

● 정감독 가장 말하고 싶었던 게 그 부분이었어요. 사극이라고 해서 꼭 역사적인 사건 위주로 보여줄 필요는 없잖아요. 그 당시 사람들도 당연히 감정과 욕망이 있었겠죠. 궁녀뿐 아니라 임금인 이산조차도, 어떤 마음으로 이 여자를 대했을지 보여주는 게 중요하다고 생각했어요. 그리고 드라마는 소설과 달리 시각적인 장르니까 그런 것들을 화면상에 구현해야 하는데, '옛날이야기'가 아니라 '현재적인 이야기'로 보이게 하려고 노력했어요. 보는 분들이 궁에 저런 사람들이 살고 '있었구나'가 아니라 '있구나'라고 느꼈으면 했거든요.

○ 장PD 이산과 덕임의 사랑 이야기에 '시대'라는 축이 하나 더 생기면서 굉장히 입체적인 서사가 됐어요. 예를 들어 이산이 덕임한테 자신

의 마음을 고백하는 장면에서 "후궁이 되어달라고 말하는 것이다"라는 대사를 하잖아요. 자기 딴에는 엄청난 사랑 표현을 한 건데, 시대적인 한계 때문에 "우리 결혼하자"가 아니라 "후궁이 되어라"라고 하는 것이죠.(웃음) 그동안 사극에서는 느낀 적 없던 이질감인데 <옷소매 붉은 끝동>에서는 그 대사가 탁, 귀에 걸리더라고요. 그 시대의 여자에게는 결국 후궁이 최선이에요. 아무리 이산의 마음이 진심이라 해도 1인분과 1인분의 만남은 아니라는 게 드러났어요. 왕의 여자가 된다는 것, 승은을 입는다는 것이 어떤 의미인지를 드라마가 노골적으로 보여줘요. 다른 여자와 밤을 보내러 간 남자를 기다려야 하는 삶이라는 것을요. 왕과 궁녀의 로맨스를 이렇게 현실적으로 그렸다는 게 놀라웠고, 여성주의적인 시각이 느껴졌어요.

● **정감독** 소설과 드라마의 차이점이 그런 데서도 발생하는 것 같아요. 원작 소설을 볼 때는 그냥 그 시대의 상황을 당연하게 여기면서 텍스트를 읽거든요. 그런데 이걸 영상으로 옮기는 과정에서 사람들이 움직이고 말을 하기 시작하면 이질감이 들겠구나 싶더라고요. 사실 이산은 10대 초반에 가례를 올려서 이미 세손빈이 있었고 그분이 나중에 중전도 되는데, 이 중전을 등장인물로 보여줄지 말지를 정하고 넘어가야 했어요. 예전에 방영됐던 드라마 <이산>에서는 박은혜 배우가 중전 역

할을 했고, 당시 극 중 의빈 성씨였던 '송연'(〈옷소매 붉은 끝동〉의 '덕임')에게 "송연아, 네가 전하를 곁에서 꼭 모셔주렴" 이런 말도 하거든요. 그때는 이상하다고 생각하지 않았는데, 이번에 레퍼런스 삼아서 〈이산〉을 다시 보니까 그런 부분들이 참, 뭐랄까, 내가 저런 걸 보고 거슬리면 어떡하지 싶더라고요. 아무래도 저 역시 현대를 사는 여성이기 때문에.(웃음) 그래서 제가 사극 연출에 적합하지 않은 사람이라는 생각도 많이 했어요. 어쨌든 우리는 중전의 존재를 언급만 하고 넘어가자, 인물로 보여주지는 말자고 했죠.

○ 강PD 굉장히 과감한 선택이었죠. 그런 관점이 있어서 지금의 <옷소매 붉은 끝동> 같은 사극이 만들어진 것 같아요.

● 정감독 그런데도 피할 수 없는 순간이, 산이 덕임에게 자신의 것이 되라고 말하는 장면이에요. 사실 가족이 되라는 것도 상당히 파격적인 대사거든요. 옛날 사람들이 과연 후궁을 가족이라고 생각했을까요? 저희가 이산이라는 인물에게 줄 수 있는 현대적인 대사였다고 생각해요.

○ 강PD 드라마의 제작이 결정되기까지 감독님의 마음고생이 많았던 걸로 알고 있어요. 오히려 촬영이 시작되고부터는 육체적으로 힘들어도

'옛날 이야기'가 아니라
'현재적인 이야기'로 보이게
하려고 노력했어요.
궁에 저런 사람들이
살고 '있었구나'가
아니라 '있구나'라고.

신나게 일하신다고 느꼈는데, 그전까지는 외로운 싸움을 하셨잖아요. 어느 드라마나 제작을 앞두고 감독이 "이 작품에 대해 100% 확신한다"고 광야에서 혼자 외쳐야 하는 기간이 있게 마련인데, 굉장히 잘 견디신 것 같아요.

○ 장PD　제일 마음고생이 많았던 시기에 대해 얘기해주실 수 있나요?

● 정감독　힘든 순간이 두 번 정도 있었어요. 일단 이 드라마가 편성돼야 하는 이유를 설명할 때. 제가 사극을 해본 적이 없고, 작가님도 메인 작가로서는 처음이었거든요. 무엇보다 MBC가 〈이산〉이라는 좋은 작품을 15년 전에 이미 방영했기 때문에 이산의 이야기를 다시 만들어야 하는 이유가 뭔지, 〈옷소매 붉은 끝동〉이 어떻게 다른지를 설득해야 했어요. 〈이산〉이 시청률도 정말 높았고 70부작을 넘기면서 연장 방송도 했을 만큼 워낙 성과가 좋았거든요. 그 드라마를 기억하는 세대에게는 〈이산〉의 이산과 성송연이 뇌리에 강하게 남아 있는데 과연 그 둘을 뛰어넘을 수 있겠느냐는 의문이 있었죠. 두 번째로 힘들었던 건 중간에 제작이 불투명해졌을 때였어요. 편성이 결정된 뒤에도 사실은 예산 확보가 쉽지 않았거든요. 간접 광고가 어려운 장르다보니 과연 사극을 제작하는 게 맞느냐는 얘기도 들었고, 그때 제

일 힘들었던 것 같아요.

○ **장PD** 어떻게 버티셨나요?

● **정감독** 술을….(웃음) 사실 그때 작가님과 "사람들이 좋은 대본으로 기억해줄 때 그냥 아름답게 이별하자" 하고 술을 정말 많이 먹었어요. 거의 한 달 정도를 술독에 빠져 살았던 것 같아요.

○ **장PD** 이 드라마가 제작되지 못할 거라고 생각하셨던 거죠?

● **정감독** 그렇죠. 그때 제 인생을 반추하게 되더라고요. 앞으로 뭘 하고 살아야 할까, 다른 직업을 찾아야 하나, 그런 생각을 많이 했어요. 다시 이 드라마를 제작할 수 있을 거라고 생각하진 않았어요. 작가님도 "그냥 속 편하게 아이를 키워야겠어요"라고 하셨고요.(웃음) 사실 작가님도 되게 힘드셨을 거예요. 이 작품을 하기 위해 당시 남편분이 육아 휴직을 신청하고 만반의 준비를 해놓은 상태였거든요.

○ **장PD** 그러다 결국 다시 편성이 됐는데, 어떻게 상황이 바뀌게 된 건가요?

● **정감독** 어떤 경위로 다시 제작이 결정된 건지 사실 잘 몰라요. 회사에서 다시 말했을 때는 오히려 제가 못하겠다고 했어요. 이걸 왜 또 끄집어내냐, 난 너무 괴로운

데, 그런 일이 다시 생기지 않으리라는 보장도 없지 않냐. 그런데 데스크에서 저를 설득했고, 저도 뭐 어찌 보면 헤어질 운명이 아니었나보다 생각했죠.

○ 강PD   제가 봤을 때는 이 작품에 정지인 감독님의 애정이 정말 컸던 것 같아요. 어쨌든 MBC에서 원작을 구매한 작품이고, 정말 강한 의지를 가지고 제작을 추진한다면 다른 감독이랑 할 수도 있는 거거든요. 연출은, 작품을 볼모로 많은 것을 희생하는 직업 같아요. 이 작품을 진짜 잘 만들 수 있는 길이 무엇인가를 두고 때로 원치 않는 선택을 하기도 하고요.

○ 장PD   저에게 이 작품이 진짜 매력적이었던 부분 중 하나는 조연들에게도 주인공인 순간이 있다는 점이었어요. 특히 전반부에는 박지영 배우님이 연기한 제조상궁이 주인공처럼 보이더라고요. 등장인물들이 모두 내면에 복잡한 아이러니를 품고 있어요. 홍덕로는 이산에게 충심을 갖고 있지만 필요할 때는 거짓말을 하고, 제조상궁은 영조를 연모하는 동시에 또 미워하고, 서 상궁은 동료 궁녀들을 배신하지도 의리를 지키지도 못한 채 우왕좌왕하고요. 모든 등장인물에게 아이러니가 있었고, 배우들이 그걸 훌륭하게 표현해내요.

○ **강PD** 제작진이 인물들에게 고르게 애정을 주고 있다는 게 느껴졌어요. 예를 들어 마지막 회에서 대비 김 씨가 궁에 사는 여인들의 운명을 쓸쓸하게 여기면서 "누가 우리를 여기에 가뒀을까?"라는 대사를 하잖아요. 사실 그런 대사는 주인공의 입을 통해 나와야 많이 기억되고 회자될 거라고 생각할 수 있는데, 각 캐릭터의 상황과 운명에 맞게 이야기를 고르게 나눠주신 것이 돋보였어요.

● **정감독** 그건 진짜 정해리 작가님이 신경 쓰신 부분이에요. 어떤 인물이 퇴장할 때 특히 공을 많이 들이시더라고요. 덕로의 마지막 편지도 그렇고, 심지어 악역이라고 생각했던 사람들조차도 퇴장할 때는 인상적인 순간을 남겨주려고 노력하셨어요.

○ **장PD** 캐스팅 얘기를 해볼까요. 제일 먼저 확정한 배역이 누구였나요?

● **정감독** 제일 먼저 연락하고 결정된 건 덕임이에요. 이세영 씨의 전작인 〈왕이 된 남자〉를 보면서 '저 배우는 얼굴이 서구적으로 생겼는데도 한복이 참 예쁘게 어울린다'라고 생각했어요. 드라마 〈카이로스〉도 정말 재미있게 봤는데, 거기서 세영 씨가 맡은 역할이 연기하기 쉽지 않았거든요. 시공간을 넘나드는 와중에 감정선도

잘 유지해야 했는데, 보면서 무척 감탄했어요. 작은 체구에서 뿜어져 나오는 에너지가 풀샷에서도 느껴질 정도로 크더라고요.

세영 씨한테서 긍정적인 대답이 들려오면서, 그럼 이제 이산을 과연 누가 할 것인가 고민했어요. 처음에는 준호 씨가 군대에 있어서 전혀 고려하지 않았는데, 마침 곧 제대를 한다는 소식을 듣고 바로 연락했죠.

○ **강PD** 정조라는 인물이 약간 신경질적이고 예민한 면이 있잖아요. 그런데 배우이자 가수인 준호라는 인물을 떠올리면 굉장히 열심히 노력한다는 느낌이 있어서, 잘 어울리는 캐스팅이라고 생각했어요.

● **정감독** 원작에서 산은 덕임의 시선으로 주로 그려지고, 심지어 산이라는 이름도 없이 그냥 '왕세손', '왕'이라고만 묘사되거든요. 그래서 오히려 산이라는 캐릭터를 그릴 때 훨씬 더 자유로웠던 것 같아요. 깐깐하면서도 남한테 쉽게 곁을 주지 않는, 이 작품에 온전히 맞는 산이 누구일까 생각했을 때 저도 처음엔 분명히 떠올렸던 사람이 몇 명 있었던 것 같은데, 막상 준호 씨랑 작업을 하면서는 다른 사람은 전혀 생각나지 않았어요. 그냥, 우리의 산은 이준호였어요.

○ **장PD** 드라마 후반부에서 특히 산의 연기가 어려웠을 것 같아요. 아

들을 잃는 장면부터 극의 분위기가 어둡게 이어지고, 산이 내면에서 겪는 감정의 파고도 엄청나잖아요. 덕임에 대한 사랑과 원망, 끝까지 자기를 거부하는 것처럼 보이는 덕임을 이해하려는 노력, 덕임의 죽음과 이후에 덕임을 잊겠다고 결심하는 장면까지, 정말 표현하기 어려운 감정이었을 텐데요.

● **정감독** 사실, 이 후반부를 제대로 해내지 못하면 여기에서 드라마가 무너질 수도 있겠다고 생각했어요. 쉽지 않은 연기였는데 잘 해냈죠. 준호 씨가 그 신들을 찍으면서 감정 소모가 심했어요. 마지막 회 대본을 받고 너무 슬퍼서 여러 번 보기가 힘들 것 같다고 하더라고요.

○ **장PD** 저는 회차 구성도 신선했어요. 보통의 드라마라면 산이 왕이 되고 덕임이 후궁이 되면서 끝났을 텐데, <옷소매 붉은 끝동>은 영조가 죽고 산이 왕위에 올랐는데 그게 12회더라고요. 덕임이 후궁이 되고, 아들을 잃고, 덕임이 죽고, 그러고 나서도 한참 시간이 흘러서 정조가 늙기까지 스토리가 이어지는 게 놀라웠고, 바로 이 지점에서 <옷소매 붉은 끝동>이 평범한 '로맨스 드라마'가 아니게 되었다고 생각해요.

● **정감독** 그 부분은 정말 원작에 충실했어요. 초반 기획 단계에서는 그런 이야기도 했어요. 17부작으로 구성할 때 과연 후반부의 이야기를 제대로 담아낼 수 있을까, 그러면 그냥 덕임이 후궁이 되는 걸로 끝내면 어떻겠

어떤 인물이 퇴장할 때
특히 공을 많이 들이시더라고요.
심지어 악역이라고
생각했던 사람들조차도.

냐, 하는. 뒷부분의 감정들을 시청자들이 따라올지 의문이 있었거든요. 하지만 저는 원작의 마지막을 보고 드라마화를 결심한 것이기 때문에 무조건 책처럼 끝내고 싶었어요. 대신 이걸 어떻게 압축할지 많이 고민했죠. 어느 시점에 왕이 될지, 어느 시점에 후궁이 될지를 작가님과 많이 이야기하면서 조율했어요.

○ 장PD 후궁이 되면서 드라마가 끝났으면, 그래도 재미는 있었겠지만 그냥 '재미있는 로맨스 드라마'라고 생각했을 것 같아요. 그런데 그 뒤로도 이야기가 이어졌고, 거기에서 힘을 잃지 않고 강하게 밀고 나갔기 때문에 <옷소매 붉은 끝동>이 굉장히 특별한 드라마가 됐어요.

○ 강PD 우리 인생도 기쁜 순간은 사실 짧고, 일상과 기다림의 시간이 훨씬 길잖아요. 그런 삶의 속성을 드라마에서도 마치 리얼타임처럼 생생하게 묘사하셨어요. 그래서 궁을 배경으로 한 사극임에도 지금 내가 살면서 느끼는 것과 같은 감정을 저 사람들도 느꼈겠구나, 하게 되더라고요.

○ 장PD 덕임이 세상을 떠나면서 산에게 하는 말도 놀라웠어요. 다음 생에 만나면 스쳐 지나가달라니, 여주인공이 죽으면서 할 만한 대사가 아니잖아요. 정말 용감한 연출이었던 것 같아요.

● 정감독 원작에서 굉장히 좋아했던 대사거든요. 정해

리 작가님과 초반에 회의할 때, 꼭 등장했으면 하는 원작의 대사들을 다 표시해서 드렸는데 그중 하나였어요. 이건 절대 빼놓지 말아야 한다고 생각했죠. 덕임이니까 할 수 있는 말이고, 덕임의 온갖 감정이 다 들어 있는 대사예요. 마지막 순간에 하는 말인 만큼, 이건 정말 진심이었을 거예요. 덕임이 후궁이 되는 순간에 대해 세영 씨와 이야기를 많이 했어요. 사랑하지만, 이 사람의 곁으로 가는 순간 내가 갖고 있던 모든 게 다 사라진다는 사실에 대해서요.

○ 장PD 아무리 어떤 사람을 사랑해도 내 삶 역시 소중하잖아요. 궁녀도 마찬가지라는 걸 덕임이 보여주는데, '궁녀에게도 자신의 삶은 소중하다'라는 당연한 사실을 그동안 상상조차 못했다는 걸 <옷소매 붉은 끝동>으로 처음 깨달았어요. "궁녀의 마음은 중요하지 않다"라는 덕로의 대사가, 사실은 우리 모두의 인식 체계였다는 걸 드라마가 드러낸 거죠. 이산한테 덕임이 소중하지만 왕으로서의 책무가, 어쩌면 그게 더 그의 인생에서 큰 부분인 것처럼, 덕임한테도 산이를 좋아하는 마음이 있지만 자기 인생도 너무 소중해요. 이걸 같은 무게로 다뤘다는 게 감동적이었고, 시대를 넘어서 지금 우리가 맺고 있는 인간관계를 돌아보게 하는 부분이었어요. 내 삶을, 그리고 내가 사랑하는 사람의 삶을 어떤 태도로 대해야 하는가 생각하게 되더라고요.

두 주연뿐 아니라 다른 등장인물들도 정말 좋았어요. 이덕화, 박지영, 강말금, 장혜진, 강훈, 오대환 배우님 등등 어디 하나 구멍이 없다는 느낌이 들었거든요.

● **정PD** 정말 훌륭한 배우들입니다. 내가 언제 한자리에서 이 사람들을 다 만날 수 있을까 싶은, 정말 대단한 순간들이었던 것 같아요. 사실 박지영 배우님 같은 경우, 카리스마와 부드러움의 양면성을 가진 와중에 멜로의 힌트를 줄 수 있는 사람이 누굴까 했을 때 바로 떠올랐어요. 연락을 드렸는데 첫 반응이 "나보고 궁녀를 하라고?"였어요.(웃음)

○ **강PD** 대비도 아니고.(웃음)

● **정감독** 대비도 아니고, 중전도 아니고.(웃음) 사극에서 언제나 화려한 스타일의, 지위가 높은 역할을 해오셨잖아요. 대본을 읽으시고 출연이 거의 확정된 상황에서 만났는데, 그때도 "나한테 궁녀를 시킨 사람이 누군지 얼굴 한번 보고 싶었다"고 하면서 한참 웃으시더라고요. 이분과 작업을 하면서, 박지영이라는 이름이 괜히 있는 게 아니구나 감탄했어요. 시놉시스와 4부까지의 대본만 보시고, 이 인물이 정확히 어떤 지점에서 어떻게 제조상궁이 되고 결국 광한궁의 수장까지 되는지

정확하게 파악하시더라고요. 어디서 강약 조절을 해야 하는지도 잘 아시고요. 그리고 본인이 이번 역할에서는 예뻐 보이지 않아야겠다고 하시면서, 촬영 내내 메이크업도 최소한으로 하셨어요.

○ **장PD** 캐릭터 자체도 멋있었어요. 제조상궁의 대사 중에 "영조가 수단이었는데 수단이 목적을 망쳐버렸다"는 말이 있잖아요. 어떤 궁녀가 왕더러 수단이라고 표현을 하겠어요.

○ **강PD** 이산의 어머니 역을 강말금 배우님이 맡으신 것도 참 신선했어요.

● **정감독** 사실 캐스팅할 때 '그분이 사극을? 그것도 혜경궁을?'이라는 반응이 많았는데, 저는 강말금 배우님이 준호 씨와 한 화면에 있을 때 잘 어울릴 것 같았어요.

○ **강PD** 강말금 배우님의 극도로 감정을 절제하는 연기가 인상적이었어요. 혜경궁이라는 사람의 인생은 내내 자신의 감정을 드러내면 안 되는 삶이었잖아요. 나중에는 그게 몸에 붙어서 그냥 성품이 돼버린 것 같다고 할까요. 큰 고통을 겪은 사람이 가질 수 있는 인생에 대한 관조가 보이는 듯했어요.

● **정감독** 작품을 준비하면서 『한중록』을 처음부터 끝까지 읽었는데요. 혜경궁의 이런 서늘하고 무서운 부분을 그동안 왜 아무도 담아내지 않았을까 싶었어요. 혜경궁

이 『한중록』을 쓴 나이가 칠순이 넘어서거든요. 읽다보면 이 사람이 정말 하나도 잊지 않고 다 기억하고 있다는 걸 알게 돼요. 어떤 부분은 정확히 정치적인 목적으로 썼다는 게 보이고, 어떤 부분은 일부러 쓰지 않았다는 게 느껴지고요. 특히 사도세자가 죽는 부분에서는 과감하게 생략하는 장면도 있는데, 만약 이 사람이 현대에 드라마를 썼다면 장난 아니었겠다 싶을 정도로 대단한 스토리텔러예요.

그러면 우리의 혜경궁은 어떤 인물이어야 할까. 이런 무서운 면모와 함께 아들을 지키겠다는 마음을 담아냈으면 좋겠다고 생각했고, 그러면서도 준호 씨와 느낌이 잘 맞을 배우를 찾다보니까 강말금 배우님이 딱이더라고요. 배우님이랑 만나서 얘기를 나눴는데, 그러면 자기도 『한중록』을 읽어봐야겠다고 하시더라고요. 그때는 그냥 감독한테 하는 소리겠지 했는데, 정말로 다 읽고 저에게 후기를 보내셨어요. '이런 부분을 감독님이 얘기하셨던 것 같은데 여기를 조금 더 살려보겠다'면서요. 정말 기대가 됐죠.

○ **강PD** 대단하시네요.

○ **장PD** 서 상궁 이야기도 빼놓을 수 없죠.

● **정감독** 영화 〈우리들〉을 정말 좋아했거든요. 거기서 장혜진 배우님이 연기한 엄마 역할, 삶에 찌들어 있으면서도 어떻게든 아이들을 건사하려는 그 얼굴이 참 좋았어요. 〈손 꼭 잡고, 지는 석양을 바라보자〉를 연출할 때 특별출연을 부탁드린 적이 있는데 그때도 너무 좋아서 나중에 꼭 다시 작품을 같이했으면 했죠. 사실 덕임에게 서 상궁은 정말 중요한 인물이에요. 엄마이면서 스승이자 인생의 가이드이고, 그러면서 산이와의 감정적인 가교 역할을 해야 하는 쉽지 않은 배역이거든요. 제자인 덕임, 자신이 모시는 대상이자 어릴 때부터 계속 봐온 산이, 이 두 사람 사이에서 느꼈을 많은 감정을 잘 살리시더라고요.

○ **강PD** 드라마의 합방 신에 대해 이야기하고 싶어요. 제가 개인적으로 참 대단하다고 느꼈던 장면이거든요. 대본에 산이 덕임의 어깨에 새겨진 글자를 어루만지는 장면이 있었는데 찍지 않으셨어요. 사실 감독이라면, 더구나 대본에 있고 배우들과 합의도 된 사항이라면, 그런 장면을 최대한 예쁘게 찍고 싶었을 거예요. 감독은 연출자인 동시에 그 장면

의 첫 시청자이기 때문에, 내가 보고 싶은 걸 더 찍고 싶어지거든요. 그런데 그 순간에 거기서 빠져나와서 냉정한 판단을 하셨다는 게 대단해요.

● **정감독** 어깨의 문신은 나중에 우리가 회수해야 할 떡밥이라는 이야기를 정해리 작가님과 했었고, 그래서 대본에 넣어주신 건데요. 쭉 드라마를 따라가다 보니까, 그리고 막상 그 신을 찍으려고 하니까 '이상하다, 이게 아닌 것 같다' 싶었어요. 옷고름을 푸는 동작도 마찬가지예요. 이전 신에서 산이가 덕임의 옷고름을 풀려는 행동이 굉장히 폭력적으로 비쳤기 때문에, 합방 신에서 같은 행동을 하는 게 이상하더라고요. 사실 리허설도 해봤고, 동선도 다 맞춰봤어요. 그런데 그걸 보는 제 마음이 너무 불편하더라고요. 이럴 때 진짜 고민이 돼요. 나만 불편하고 시청자들은 아닐 수도 있잖아요. 그래도 그동안 이 드라마를 찍으면서 맞았던 나의 직감을 한번 믿어보자고 생각했던 것 같아요. 그래서 "여기까지만 찍고 다음 신으로 넘어갈게요" 했더니 다들 당황하더라고요. 배우들과 스태프들 모두 정말 괜찮겠냐고 많이 물어봤어요.

○ **장PD** 그 순간에 흔들리지 않고 결정을 내리는 건 굉장히 어려운 일일 텐데요.

● **정감독** 저도 마음속에서 40%는 '내 말이 맞다'였고, 60%가 '찍어야 하나?'였어요. 그날은 과감하게 40%를 믿고 선택했던 것 같아요.

○ **장PD** 이런 의사 결정의 이야기는 언제 들어도 놀라워요. 합방의 순간에 덕임이라는 인물이 느낄 감정을 배려해서 연출하셨다는 게 감동적이에요.

● **정감독** 옷고름을 푸는 동작이 막상 화면에서 보니 그렇게 예쁘지 않더라고요.(웃음)

이산이라는 인물을 구성하는 정체성 중 '임금'이라는 직업이 절대적이듯, 덕임 역시 '궁녀'라는 자의식이 강했을 것이다. 이산과 덕임을 '두 주인공'으로 세우기 위해 익히 알려진 이산의 직업보다 궁녀라는 덕임의 직업을 세밀화로 그려내기로 한 드라마의 결정은 그래서 현명하다. 신분이 아닌 직업으로서의 궁녀, 집단이 아닌 개인으로서의 궁녀, 붓이나 칼을 드는 궁녀, 혁명을 꿈꾸는 궁녀, 혹은 그저 자기 자신으로 살기 위해 발버둥치는 궁녀. 그들의 개성과 욕망을 보여줌으로써 마침내 시청자들이 '궁녀도 사람이다'라는 걸 감각적으로 받아들이게 하는 데 성공했다. 남자 주인공의 상대역으로 대상화되어 있던 여성이 구체화·개인화되어 살아날 때 로맨스가 더욱 생생해진다는 것 역시 <옷소매 붉은 끝동>이 증명해낸 특별한 지점이다.

켄 로치 감독의 영화 <빵과 영화>에 "청소부 유니폼을 입으면 투명인간이 된다"는 대사가 나온다. 유니폼으로 지워진 개인의 얼굴을 보는 일이 21세기 영국에서도 쉬운 일이 아닐진대, 하물며 신분제가 시퍼렇게 날 서 있던 조선시대의 궁녀가 왕에게만 투명인간이었을까. 관객인 우리 눈에도 궁녀가 인격체였던 적은 별로 없지 않은가. 덕임과 동료들을 한 명 한 명 호명하여 불러 세우고, 드라마 속 인물들이 느낄 감정까지도 사려 깊게 배려하여 장면을 구성해낸 정지인 감독에게 '사극계의 켄 로치'라는 별명을 붙여도 좋겠다.

tvN
작은 아씨들

tvN
작은 아씨들

Directed by
김희원 감독

"모든 것을 솔직하고
간결하게 드러내는 것,
지금까지 찾은
유일한 길입니다"

Interviewed by 장PD(장수연), 강PD(강인)
Date 2022.12.28

출처: tvN

▷ 작은 아씨들

2022년 9월 3일부터 10월 9일까지 tvN에서 12부작으로 방송됐던 드라마. <친절한 금자씨>, <아가씨>, <헤어질 결심> 등 박찬욱 감독의 영화에서 시나리오를 집필해온 정서경 작가가 두 번째로 쓴 TV 드라마이다. 루이자 메이 올컷의 소설 『작은 아씨들』을 모티브로 삼았다.

드라마 <작은 아씨들>을 두고 가장 많이 회자된 시청 소감은 '미친 드라마'라는 말이었다. 미친 속도감. 미친 연기력. 음모와 반전으로 버무려진 강렬한 스토리에도, 돈과 가난에 대한 폐부를 찌르는 대사들에도, 시청자들은 다른 어떤 표현보다 '미쳤다'는 수식어를 달아 댓글을 남겼다. 실은, 정서경 작가 본인도 인터뷰에서 '미친 드라마'라는 반응에 기뻤다고 밝힌 바 있다.(오마이뉴스, 2022.10) 여성 감독과 여성 작가가 <작은 아씨들>이라는 제목으로 여성 캐릭터가 가득한 드라마를 만들었는데 사람들은 '미쳤다'고 찬사를 보낸 것이다. 드라마 안팎으로 반전이 가득한 이 작품의 연출자는 김희원 감독이다. 정서경 작가는 종영 후 "다음 작품도 김희원 감독과 함께하고 싶다"고 여러 차례 언급하며 감독에 대한 신뢰와 애정을 드러냈다.

● 김희원 감독

2006년 MBC 드라마PD로 입사. <맨도롱 또똣>, <화려한 유혹>, <운빨 로맨스> 등을 공동 연출한 뒤 퇴사했고 이후 <돈꽃>, <왕이 된 남자>, <빈센조>, <작은 아씨들>(이상 tvN), <사운드트랙#1>(디즈니+) 등을 연출했다.

<작은 아씨들>은 방영 내내 '최고 시청률 11.1%'라는 수치에 다 담기지 않는 큰 화제를 모았다. 이 드라마의 주제는 돈이라고, 정서경 작가가 에두르지 않고 선언한 바 있다. 그건 마치 선전포고처럼 느껴졌다. 돈이 곧 시간인 시대, 사람이 살고 죽는 일도 종종 돈으로 결정되는 시대에 돈에 관해 말해보겠다는 건 태풍 속으로 들어가겠다는 용기 아닌가. 실제로 이 드라마는 첫 회부터 마지막 회까지 마치 태풍처럼 시청자에게 '닥쳐왔다'. 스토리에 휩쓸리듯 드라마를 보았던 첫 시청은 첫 시청대로, 다시 한 편 한 편 되짚어볼 때는 새롭게 발견되는 디테일들로, 볼 때마다 즐거움을 주는 작품이었다.

드라마를 집필한 정서경 작가는 꽤 여러 매체에서 인터뷰를 했지만, 연출을 맡은 김희원 감독의 코멘트는 찾기가 어려웠다. 정 작가의 대본을 수려한 영상으로 구현해낸 촬영, 미술, 연기, 편집 등에 관한 비화에 갈증을 느낀 시청자가 많았으리라. 그 귀한 이야기를, 강인PD와의 인연에 힘입어 들어볼 수 있었다.

○ **장PD** 그동안 어떻게 지내셨는지 궁금해요. 워낙 강렬했던 드라마여서 떠나보내는 데 시간이 좀 필요하셨을 것 같은데요.

● **김감독** 원래 계획대로라면 방송 전에 촬영이 끝났어야 했는데, 코로나 여파와 해외 촬영 일정 때문에 방송이 시작할 무렵에 끝났어요. 방송이 나가는 걸 보면서 포스트 프로덕션을 해서 오히려 차분하게 작품과 작별할 시간이 있었던 것 같아요. 연출자는 후반 작업을 하면서 본인이 실수한 것만 복기하게 되는데, 저 역시 '저때 왜 그랬을까' 하고 과거의 나를 혼내는 시간이기도 했고요.(웃음)

○ **장PD** 드라마 <작은 아씨들>과 관련해서 정서경 작가님은 여러 차례 인터뷰를 하셨지만 감독님의 인터뷰는 거의 안 보이더라고요. 원래 말씀을 아끼시는 편인가요?

● **김감독** 비싼 척하는 건 절대 아니고요(웃음), 아무래도 드라마는 작가님께서 기획하고 글을 쓰시는 건데 연출자가 말을 하면 혹시나 오독될까봐 조심스러워서요.

○ **장PD** 어렵게 찾은 감독님의 인터뷰 중에 이런 이야기가 있었어요. "1부 엔딩을 읽고 나서 찍지 않고는 못 견딜 것 같은 마음이 들었다." 정서경 작가님으로부터 이 드라마에 대한 첫 그림을 공유받았을 때의 이야기가 궁금해요. 작가님과의 첫 만남, 혹은 작품과의 첫 만남은 어땠나요?

● **김감독** 드라마 〈빈센조〉를 거의 다 찍었을 무렵에 처음 시나리오를 받았어요. CP님을 통해서 4부 대본까지 받았는데, 정서경 작가님이야 워낙 유명한 분이고 '언제 함께 작업할 기회가 있을까'라고 생각만 하던 분이니까 처음엔 그 기회가 저한테 왔다는 게 신기했죠. 그리고 대본을 보면서는, 연출자에게 아주 어려운 작품이라고 느꼈어요. 1부 중반부를 읽을 때까지도 이걸 내가 할 수 있을까 싶었는데, 엔딩 신을 읽으면서 감정이 굉장히 격해지더라고요. 이런 감정을 느꼈으면, 이 정도로 찍고 싶은 신을 만났으면 이건 기회이고 인연이라고 생각해서 작가님을 뵈었어요. 첫 만남에서 작가님이 제가 무슨 말을 할지 굉장히 궁금해하셨던 게 기억나요. 글을 써서 누군가에게 평가받는다는 건 무척 고통스럽고 두려운 일이잖아요. 정서경 작가님은 그게 혹평이든 호평이든, 감독이 어떤 감정으로 자신의 글을 읽었는지 깊게 듣고 싶어하시더라고요.

○ **장PD** 1부 대본의 어떤 부분에서 '연출하기 어려운 작품'이라고 느끼셨나요? 1부의 주요 내용은 세 자매의 가난한 현실과 깊은 우애, 그리고 주요 인물들에 대한 소개가 대부분이잖아요.

● **김감독** 가난을 묘사해야 한다는 점이 가장 어렵게 다

가왔어요. 현실과 초현실이 뒤섞인 작품이라서 이것을 어떤 톤으로 어떻게 전달해야 시청자들을 만족시킬 수 있을지가 숙제처럼 느껴졌고요. 자칫하면 설명적이거나 신파적으로 보일 수 있거든요. 다행히 류성희 미술 감독님이 많은 아이디어를 주셔서 아름다움과 정성이 깃든 '여성들의 공간'을 완성할 수 있었고, 배우들이 세심하게 캐릭터를 완성해내면서 제가 우려했던 부분도 해결된 것 같아요.

○ **장PD** **정서경 작가님이 '연출자가 무슨 말을 할지 무척 궁금해했다'고 하셨는데, 저도 궁금합니다. 시나리오에 대해 작가님께 뭐라고 말씀하셨나요?**

● **김감독** 저는 돌려 말하는 것을 못 하는 성격이에요. 첫 만남에서도 우려되는 지점들을 먼저 말씀드렸어요. 인주의 캐릭터가 더 뻗어나가야 한다는 점, 도일과의 관계 설정이 더 매력적이어야 한다는 점, 인경의 캐릭터가 응원받아야 한다는 점 등이었던 것 같아요. 작가님께서 다행히 마음을 열고 저의 염려를 이해해주셨고, 뒤에 준비된 이야기들을 충분히 설명해주셨어요. 제가 말씀드린 부분들을 수정할 때 많이 반영해주기도 하셨고요. 작가님과 일하면서 정말 재미있었어요. 저는 공

중파 출신이라서 불특정 다수의 대중을 상대하는 것에 익숙하거든요. 작가님은 반대로 굉장히 세밀하고 깊게 소통하는 순간도 있는 분이고요. 내가 대중과의 접점을 잘 만들어야겠다, 그리고 나 때문에 작가님이 가진 특별함이 깎여나가면 안 되겠다고 생각해서 그 밸런스를 맞추려고 노력했던 것 같아요. 작가님과 같이 있으면 8~9시간도 너끈히 즐겁게 얘기했어요. 덕분에 작품을 하는 동안 따뜻한 정원에 앉아 있는 것 같은 느낌이었어요.

○ 장PD 처음에는 감독님도 정서경 작가님과 일할 기회가 나에게 온 것을 신기해하셨잖아요. 왜 그 기회가 감독님께 갔을까요?

● 김감독 제가 제일 한가해 보이지 않았을까요?(웃음) 사실 이전에 같이 일했던 작가님들과도, 그게 유명한 분이든 신인이든 늘 신기했어요. 세상에 수많은 작가와 연출이 있는데 함께 작품을 하게 된다는 건 신기한 인연이잖아요. 한 가지 덧붙이자면, 제가 정서경 작가님이 추구하시는 깊은 철학이나 미학과 닿아 있는 연출을 보여드린 적이, 제 생각에는 없는 것 같아서 더 신기했죠. 정 작가님께도 항상 말씀드렸던 게, '나에게 첫 번째는 시청률'이라는 것이었어요. 〈작은 아씨들〉도 나름대

로는 시청률을 많이 추구한 거고요.(웃음) 제가 가진 것들이 작가님이나 기획PD님이 보기에 얄팍하다고 느끼셨을 수도 있어요.

○ 장PD 너무 겸손하게 말씀하시는데요. 같은 업계에 있는 강인PD가 대신 이야기해주세요. 왜 감독님께 정서경 작가님의 시나리오 제안이 갔을까요?

○ 강PD '이 사람한테 맡길 수 있겠다'라는 판단이 있었겠죠. 김희원 감독님의 필모그래피를 보면 아시겠지만 다양한 작품을 폭넓게 잘 다루시거든요. 특히 제가 개인적으로 늘 놀라워하는 것은 '인화의 감독'이라는 점이에요. 모든 스태프, 배우들과 관계가 좋으세요. 정서경 작가님의 인터뷰에도 그런 이야기가 나오죠. 작가님께서 김희원 감독님을 만나기 전에는, 모든 사람이 다 이 사람을 칭찬하는 걸 보면서 '어떻게 이럴 수가 있나, 믿지 못하겠다'라고 생각했는데 만나고 난 뒤로 본인이 그렇게 칭찬하고 다니신다고요. 감독으로서뿐만 아니라 한 인간으로서 들을 수 있는 최고의 찬사 아닐까요.

○ 장PD 일하실 때 '좋은 관계'를 어느 정도로 중요하게 여기시나요? 드라마감독처럼 많은 사람을 이끄는 리더의 위치에 있는 직업은 '좋은 사람'과 '일 잘하는 사람'이 따로 있을 거라는 이미지가 있거든요. 자고로 성공한 리더란, 팀원들의 역량을 악착같이 빼먹는 집요함이 있어야

할 것 같은데 이게 '좋은 관계'를 유지하면서 가능한가요?

● **김감독** 그 부분에서 저는 아직도 미완성의 인간이에요. 연출을 위해 하루에도 수많은 말을 내뱉어야 하는데, 그 속에서 실수도 많죠. 매일이 반성과 다짐의 연속입니다. 더 상냥할 수도 있었는데, 더 효율적으로 전달할 수 있었는데, 하면서요. 강인PD의 표현은 너무나 과분한 칭찬이고, 저는 그렇게 되고자 노력하는 인간에 불과합니다. 다만, 드라마감독은 폭발적으로 많은 사람과 소통해야 하고 그 소통이 결국 한 방향을 향해야 해요. 그렇기에 정확한 언어, 경제적인 언어로 말해야 하고, 연출자의 말은 현장의 누구에게도 의아함을 남겨서는 안 된다고 생각해요. 그런 언어를 만들고 다듬기 위해 노력해왔고, 앞으로도 그래야 하죠.

30대 초반에 처음 연출을 시작했을 때는 스태프들을 돌아볼 여력이 없어서 너무나 부족한 통솔을 했던 것 같아요. 앞만 보고 전진하는 것이 미덕이라고 생각했죠. 하지만 나이를 먹고 40대가 되면서 스태프들과 더 편하게 소통해야 한다는 것을 날마다 깨닫습니다. 누군가에게는 첫 직장이고, 누군가에게는 매일 아침 나와야 하는 학교 같은 곳이고, 누군가에게는 은퇴의 무대이기도

드라마감독은 정확한 언어,
경제적인 언어로 말해야 하고,
연출자의 말은 현장의
누구에게도 의아함을 남겨서는
안 된다고 생각해요.

하니까요. 그런 현장의 숭고함을 잘 알기에, 최대한 이를 존중하는 태도를 가지려고 애쓰고 있습니다.

결론은 그저 '솔직함'뿐이라고 생각해요. 연출이 어디까지 숨기는지, 어디까지 알고 있는지, 무엇을 모르는지 혹은 아는 척하는지, 현장의 스태프와 배우는 모두 알 수 있어요. 거짓으로 꾸미는 것은 오래갈 수 없죠. 모든 것을 솔직하고 간결하게 드러내는 것, 이게 제가 지금까지 찾은 유일한 길입니다. 한때는 모르는 것을 인정하는 게 가장 어려웠지만, 그것이야말로 본질에 닿는 가장 빠른 길임을 깨달아가는 중이기도 해요. 앞으로도 소통에 실수들이 계속 있겠지만, 최대한 반성의 횟수를 줄여나가는 것이 목표예요.

○ 장PD　정서경 작가님이 MBC 라디오 <FM 영화음악 김세윤입니다>에 출연했을 때 김희원 감독님을 언급하셨어요. 모두가 따뜻한 가족극인 줄 알고 출발한 드라마가 점점 한국 현대사 50년을 다이제스트하는 블록버스터가 돼가는데.(웃음) 감독님이 그걸 다 구현해내셔서 감사한 마음이라고요.

● **김감독** 아마 제가 연출했던 드라마를 본 분이라면 느끼실 텐데, 제가 '사람이 죽네 사네' 하는 신을 좋아해요. 그게 최고의 판타지라고 생각해서 찍으면서도 신나 하는데, 〈작은 아씨들〉도 결국 누군가가 목숨을 거는 내용이잖아요. 등장인물들이 그런 순간을 맞닥뜨리게 되면, 오히려 제가 조금 더 강렬하게 가자고 말씀드리기도 했어요. 그래서 처음 예상보다 드라마의 스케일이 커졌죠. 제작PD님들이 고생을 많이 하셨어요.(웃음)

○ **장PD** '사람이 죽네 사네' 하는 신이 최고의 판타지라고 생각하시는 이유는, 현실에서는 그 정도의 비장한 일이 잘 일어나지 않기 때문일까요?

● **김감독** 네, 맞아요. 캐릭터의 비장미를 특히 제가 좋아하는 것 같아요. 어렸을 때 드라마를 보며 가슴 뛰어하던 순간들을 떠올려보면 대부분 그런 장면들이었더라고요. 생과 사의 기로에 서 있거나, 운명을 바꿀 선택을 앞두고 있거나 하는…. 우리 모두 가끔은 내가 겪는 일상이 드라마의 한 장면처럼 느껴질 때가 있잖아요? 버스의 창문을 열고 바람을 맞을 때, 출발을 앞둔 지하철을 타려고 달려갈 때, 마감이 얼마 남지 않은 일을 해내고 있을 때, 내가 드라마의 주인공이라고 생각하면 뭐

든 재밌었던 기억이 있어요. 공상을 좋아하는 편이라 어린 시절부터 나를 드라마 속에 넣는 상상을 많이 했는데, 딱 하나, 그런 '죽네 사네 하는 순간'은 잘 오지 않더라고요. 그 아쉬움을 연출하면서 풀고 있는 것 같습니다. '그래, 이런 순간을 기다렸어!' 하면서 말이죠.(웃음)

▶▷▶

○ 장PD   이제 드라마 <작은 아씨들>에 대해 좀 더 깊게 이야기를 나눠볼까요. 미술, 미장센, 연기, 주제 의식까지 나누고 싶은 이야기가 굉장히 많은 작품인데요.

○ 강PD   저는 '김희원 감독님이 새로운 스태프를 만나서 일을 하고 있구나'라는 느낌을 가장 크게 받은 영역이 미술이었어요. 연출자들이 보통 촬영하러 가기 전에 가장 많이 고민하는 부분이기도 해요. 스토리는 작가님이 써주시는 대본을 지도처럼 보고 가지만, 그것을 시각적으로 어떻게 표현할지는 연출에게 맡겨진 거니까요. '푸른 난초'를 어느 정도로 푸르게 할지, 벽지의 색깔은 어떻게 하고 구두는 어떤 걸 신게 할지 등이 단순한 미감을 넘어 전달하는 의미와도 연결돼 있어서 많이 고민하셨을 것 같아요.

● **김감독** 류성희 감독님이 지금은 드라마도 병행하시지만, 이 작품을 준비할 때만 해도 '드라마까지 하실까' 싶은 분이었어요. 그런데 정서경 작가님이 "이번 작품은 미술이 대본의 핵심과도 닿아 있기 때문에 이걸 잘 표현할 수 있는 분, 류성희 감독님이 해주셨으면 좋겠다"라고 말씀하셔서, 사실은 정서경 작가님 덕분에 류성희 감독님이 합류하신 셈이에요. 두 분이 워낙 오랫동안 함께 해오셨으니까 저는 한결 편했죠. 정서경 작가님께서 써놓으신 것들, 이를테면 푸른 난초의 농도 같은 것들을 가슴으로 서로 이해하는 듯한 느낌이었어요.

한편으로는, 이 드라마가 미술적으로 좀 과하다는 반응이 있는 것도 알고 있어요. 예상하기도 했고요. 그런데 저는 이런 작품이 아니면 시도하기 어려운 미술이었다고 생각해요. OTT가 아닌 tvN이라는 대중적인 채널을 통해 방송되는 만큼, 류성희 감독님이 추구하시는 바를 많은 시청자에게 보여주고 싶은 욕심도 있었고요. 만들면서 재미있었고 배운 것도 많았어요.

○ **장PD** (류성희 감독님이 작업한) <아가씨>나 <박쥐> 같은 영화들을 보면서 관객들은 스크린에 구현되는 미학에 압도되는 감동을 받았죠. <작은 아씨들> 역시 영상 미술에 있어서 대단한 성취를 보여줬지만, 조

금 다르게 느껴진 점이 있다면 '액자에 걸린 작품'이 아니라 '내가 사는 현실 속에 들어와 있는 아름다움' 같았다는 점이에요. 이를테면 세 자매가 사는 집이 그랬어요. 전체적인 색감이나 질감이 묘하게 아늑하고 따뜻한데, 기울어진 천장이나 열악한 욕실의 디테일 등을 통해 '가난이 무엇인가'를 지독히 사실적으로 표현해요. 정서경 작가님이 한 인터뷰에서 "가난을 지겨운 것이 아니라 현실 속에 있는 어떤 것으로 보여주고 싶었다"고 말씀하셨는데, 그걸 구현해낸 게 미술과 촬영이 아니었을까 싶어요.

● **김감독** 작가님이 실제로 그런 공간에서 지내본 적도 있으셔서, 대본에 굉장히 자세히 표현해주셨어요. 저 역시 드라마 속 집보다 더 지내기 어려운 곳에서도 살아봤기 때문에 마음에 와닿았고요. 가난을 아주 리얼하게 보여줄 수도 있고 어느 정도 판타지를 섞을 수도 있을 텐데, 저희 드라마에 약간 판타스틱한 설정들이 있기 때문에 집 세트가 더욱 중요했어요.

○ **장PD** <작은 아씨들>을 이야기할 때 빼놓을 수 없는 게 엄청난 속도감입니다. 눈을 뗄 수 없게 만드는 드라마였어요. 끊임없이 다음 장면이 궁금한, 시청자의 마음을 들끓게 하는 빠른 전개가 특징이었는데요. 이것도 시청률을 위해서 의도하신 연출이었을까요, 아니면 이 작품

의 원래 속성이 그러했을까요?

● **김감독** 둘 다인데, 후자가 먼저인 것 같아요. 정서경 작가님이 이 작품을 12부작으로 구성한 이유도 자동차의 액셀을 밟는 것처럼 속도감 있는 드라마를 하고 싶으셨기 때문이거든요. 이야기의 속도가 원체 그랬고, 제가 화면의 구성, 음악, 편집 등 연출을 통해서 루스하지 않게 만들기도 했어요.

그렇지만 사실은, 근래의 미니시리즈 가운데 긴 신이 많은 드라마이기도 했어요. 요즘은 워낙 호흡이 빠르기 때문에 2, 3분만 되어도 '긴 신'이라고 하는데 이 드라마에는 5분, 7분짜리 신도 있거든요. 제가 찍으면서도 이렇게 긴 신은 오랜만에 찍는다고 생각했어요. 어떤 장면은 굉장히 느린 호흡으로 진행됐기 때문에 상대적으로 다음 장면을 더 속도감 있게 느끼셨을 수도 있고요. 유심히 보시면 그런 길고 짧은 리듬감이 복잡하게 섞여 있는 드라마였습니다.

○ **장PD** 이렇게 빠르고 강렬하게 드라마를 끌고 가시면서 '이것만은 놓지 않겠다'고 생각한 부분이 있었나요?

● **김감독** 저는 처음부터 끝까지 무조건 시청률, 대중성이 가장 중요했습니다.(웃음) 주말 저녁 9시는 방송사로

서도 굉장히 중요한 시간대인데, 프라임타임에 방송되는 작품을 연출하는 사람으로서 시청률을 나 몰라라 할 수는 없어요. 결과는 물론 시청자에게 달린 거지만 추구는 해야 한다고 생각해요.

검색사이트에 나오는 '11%'라는 시청률은 최종회의 수치이고, 중간에 고전한 시청률도 있어요. 시청자의 관심이 떨어질 만한 부분, 혼란스럽고 어려운 내용들이 있었고요. 그래서 설명적으로 찍은 신들도 많아요. 친절하게 보여주는 게 연출이 할 수 있는 몫이라고 생각했고, 여기에 제가 방송국에서 배운 것들을 더했어요. 이를테면 짝수 회차는 시청자들이 다음 일주일을 버티게 만들어야 하기 때문에 좀 더 공을 들여야 한다는 식의, 제가 그동안 방송하면서 체득한 것들을 적용했습니다.

○ 장PD **시청률을 중요시한다는 말씀을 여러 번 강조하셨는데, 혹시 <작은 아씨들>을 만들며 시청률을 염두에 두고 타협하신 부분도 있었을까요?**

● 김감독 시청률 때문에 타협을 한 지점이 있다고 보기는 어려울 것 같아요. 정서경 작가님이 하고 싶은 이야기의 원형을 건드리지 않아야 한다는 것이 저의 첫 번

시청률을 나 몰라라 할 수는 없어요.
결과는 물론 시청자에게 달린 거지만
추구는 해야 한다고 생각해요.

째 목표이기도 했거든요. 다만 시청자의 이탈을 막기 위해 짝수 회차의 엔딩 시퀀스를 강렬하게 만들고자 했고, 그 방법은 주로 신의 사이즈를 키우는 것이었어요. 특히 8부의 싱가폴 장면들은 시청률을 지키는 가장 중요한 변곡점이었기 때문에, 더 임팩트 있게 만들기 위해 작가님과 대화를 많이 나눴습니다.

덧붙여, 대본상 조금 어렵게 느껴지거나 은유적인 부분들이 있을 때 시청자들이 보다 쉽게 볼 수 있도록 연출한 장면도 있어요. 피로감에 시청을 중단하지 않도록 조금은 촌스럽더라도 설명적으로 찍은 건데요. 이건 연출자로서 시청률을 위해 노력한 부분이라 봐도 무방할 것 같아요.

○ **장PD** 다음으로 이야기해보고 싶은 건 캐릭터입니다. 보통 드라마나 영화를 볼 때 관객이 자신과 동일시하는 인물 혹은 나도 모르게 마음을 주게 되는 인물이 있는데, 저를 포함한 많은 시청자에게 인주가 그런 인물이 아니었을까 싶어요. 인경이처럼 똑똑하거나 높은 도덕성을 갖고 있지도 않고, 인혜처럼 재능이 있지도 않고, 사람이 좀 무난하잖아요.

거액의 돈이 주어졌을 때 보이는 인주의 반응은 마치 내가 할 법한, 지극히 평범한 반응이었던 것 같아요. <작은 아씨들>이 굉장한 블록버스터이고 사람도 많이 죽어나가는 드라마임에도 불구하고 '정 줄 만한' 인물, 인주라는 캐릭터가 있었기 때문에 조금 더 편하게 볼 수 있지 않았나 싶어요.

● **김감독** 정서경 작가님도 인터뷰에서 여러 차례 말씀하셨는데, 인주는 '바보 한스' 같은 인물이에요. 그가 어떤 악의도 없고 지능적인 플레이도 하지 않기 때문에 생기는 여러 행운으로 인해 결국 혼자서 목표에 도달해요. 저는 이 부분이 굉장히 흥미로웠어요. 제가 기존에 연출했던 드라마의 주인공들은 '다 가진' 캐릭터였거든요. 돈도 많고, 머리도 좋고, 싸움도 잘하는 완벽한 캐릭터. 실제로 그런 스토리가 제일 재미있기도 해요. 그런 면에서 〈작은 아씨들〉은 가지 않는 길을 선택했다고 할수 있어요. 저희는 주인공의 면모를 세 자매에게 나눠줬어요. 지능은 인경이에게, 용기는 인혜에게 있죠. 아마 배우분들도 연기하기 힘들었을 거예요. 요즘 시청자들은 '완벽한 주인공'에 익숙한데, 우리 캐릭터들은 뭔가 하나씩 무기가 빠져 있으니까요. 배우들이 굉장히 많이 연구하셨어요.

○ 장PD   등장인물들이, 그 역할을 연기한 배우의 전작과 묘하게 연결되는 느낌이 있었어요. 박재상 역을 맡은 엄기준 배우의 '주단태'(SBS 드라마 <펜트하우스>), 종호 역을 맡은 강훈 배우의 '홍덕로'(MBC 드라마 <옷소매 붉은 끝동>), 인혜 역을 맡은 박지후 배우의 '은희'(영화 <벌새>)까지, 보면서 그 배우가 그동안 연기했던 모습들이 아른거리더라고요.

● **김감독** 저는 (배우의 작품 속 모습보다) 직접 만났을 때의 느낌을 중요시해요. 작품에 그 사람의 진짜 모습이 나온다고 생각하거든요.

먼저 엄기준 배우는 제가 함께 작품을 했던 적은 없어요. 그런데 사석에서 술을 엄청 많이, 두 번 같이 마셨어요.(웃음) 그때 받았던 느낌은 굉장히 매너가 좋고 다른 사람을 배려하는 분이라는 것이었어요. 그런 이미지를 좀 쓰고 싶었어요. 왜냐하면 박재상 캐릭터의 키워드는 결국 순애보잖아요. 한 여자를 너무 사랑한 나머지 인생이 잘못되는 남자. 그런 느낌이 실제로 배우 본인한테 있어요.

종호 역의 강훈 배우는 <옷소매 붉은 끝동>이 방송되기 전에 오디션으로 만났어요. 얌전하고 내성적인 것 같다가도 어느 순간 툭툭 한마디씩 던지는 말이 엉뚱하고 재미있는 사람이라고 생각했어요. 종호는 굉장히 잘사는 집 아들인데 인경이를 너무 좋아해서 일하는 데도 쫓아다니고 죽을 뻔도 해요. 시청자들에게 '저게 뭐하는 거야?'라는 생각이 들지 않게 하려면 그냥 태생적으로 그런 사람처럼 보여야 한다고 생각했어요. 궁금한 게 많고, 탐험하는 것도 좋아하는 사람. 강훈 배우는 호기심 많은 얼굴을 할 때 무척 매력이 있어요.

박지영 배우님과는 술을 마시고 노래방에 간 적이 있어요. 감각이 무척 젊으시고 대본도 세련되게 해석하는 분이에요. 1화에서 엄마가 자매들의 돈을 들고 필리핀으로 도망가면서 열무김치를 담가놓잖아요. "하루 두었다가 냉장고에 넣어라"라는 대사를 더빙하는데, 그 톤의 아이디어를 박지영 배우님이 주셨어요. 역시 연륜은 무시할 수 없구나 싶었죠.

○ **장PD** 대부분의 배우님과 술자리를 가지셨네요.(웃음)

● **김감독** 여러 해에 걸친 이야기입니다.(웃음) 사석에서 만났던 진짜 모습을 중요하게 생각한다는 말씀을 드린 거예요. 아무리 작품으로 가리려고 해도 그 사람 본연의 것이 나올 수밖에 없거든요.

○ **장PD** 김고은, 남지현, 엄지원 배우에 대해서도 궁금해요. 이분들도 지금 말씀하신 '원래 그 사람이 갖고 있는 면'을 보고 캐스팅하셨을까

요? 특히 엄지원 배우는 반전에 반전을 보여주는 아주 복잡한 캐릭터잖아요. '끝판왕 빌런'이자 내면의 상처를 지닌 인물이었는데, 엄지원 배우의 어떤 면을 보고 이런 역할을 그리셨던 것인지 궁금합니다.

● **김감독** 엄지원 배우는 신선한 도전을 두려워하지 않는 분임을 그동안의 필모그래피로 증명하고 있죠. 똑 부러지는 발성과 오묘한 연갈색의 눈동자가 부딪칠 때 나오는 엄청난 시너지에 늘 감탄해오기도 했고요. 원상 아는 백치 혹은 아이 같은 매력에서 출발해 끝내는 마녀의 얼굴을 해야 하는 캐릭터예요. 엄지원 배우는 대본을 보자마자 이 캐릭터의 간극을 완벽히 이해하셨고, 이미 있던 캐릭터인 양 그의 목소리와 말투를 완성해 보여주셨습니다. 실제로 사랑스러운 성품을 지녔으면서도 대화의 요점에 대해 거침없이 솔직하시기도 한데, 이 부분 역시 너무나 매력적이었습니다.

김고은, 남지현 두 배우는 저희가 처음 대본을 보내드린 캐스팅이었고, 다행히 바로 응해주셨어요. 김고은 배우는 호들갑스럽지 않게 아름다움과 처연함을 표현하는 강점을 지니고 있어요. 우리 드라마에 필요한 판타지의 발을, 너무나 자연스럽게 땅에 붙여주었죠. 김고은 배우의 영민한 연기 덕분에 인주가 기질적으로 주인공의 그것과 거리가 멂에도 불구하고 시청자들의 사랑을 받을 수 있지 않았나 싶어요.

남지현 배우는 연기도, 삶도, 정직하게 뚜벅뚜벅 걸어나가는 느낌의 배우인데 이 부분은 인경이에게 꼭 필요한 덕목이었어요. 인경은 극 중에서도 옳은 말만 골라 하는, 정답 같은 사람이잖아요. 배우가 가진 태생적인 사랑스러움이 없었다면 인경이 시청자들에게 다가가기란 어려웠을 거예요.

박지후 배우는 수많은 오디션을 거쳐 캐스팅되었습니다. 실제로 이야기를 나눠보면, 아주 낙천적인 그 또래의 싱그러움을 느낄 수 있는 배우예요. 하지만 때때로 매우 성숙한 내면을 보여주기도 하는데, 그런 모습들이 어딘가 인혜와 닮았다고 느꼈습니다. 실제로 박지후 배우가 보여준 얼굴은 사춘기와 성년의 중간 어디쯤에 있는데, 그 긴장감이 인혜라는 캐릭터를 만들어내는 데 매우 탁월한 효과를 발휘했어요.

○ 강PD 이 자매의 공통점이 있다면 항상 뭔가 의외의 대답을 내놓는다는 것이었어요. 예를 들어 인주는 갑작스럽게 비싸고 예쁜 옷을 갖게 됐을 때 너무나 순수하게 좋아하는데, 이게 일반적인 드라마 주인공의

직접 만났을 때의 느낌을 중시해요.
작품에 그 사람의
진짜 모습이 나온다고
생각하거든요.

▷ 작은 아씨들 : 김희원 감독　　　　　　　▶ 317 min

반응은 아니잖아요.

● 김감독 그렇죠, "제 마음을 이런 옷 따위로 사겠다는 건가요?" 뭐 이렇게 나와야 하는데.(웃음)

○ 강PD 맞아요. 그런데 인주는 "나 이런 것 입어보고 싶었어!"라며 좋아해요. 보통은 주인공 옆에서 푼수 떠는 조연 캐릭터의 반응이잖아요. 드라마 초반에 인경이는 근무 시간에 술을 마셔서 정직을 당해요. 저는 '알고 보니 오해였다'라고 풀릴 줄 알았어요. 그런데 책상 서랍을 열었더니 진짜 술이 잔뜩 나오죠. 주인공들이 다들 뭔가 흠결이 있고 상처가 있어요.

그런데 우리가 살아가는 인생은 오히려 여기에 가깝지 않나 싶어요. 멋있지 않을 때가 훨씬 많죠. 내 마음을 솔직하게 들여다보게 해준다는 것이 이 드라마를 좋아하게 되는 이유이자, 동시에 마음을 불편하게 만드는 지점이기도 했어요. 인생의 면모를 지극히 현실적으로 보여주어서인지, 어떤 장면들은 자꾸 계산하고 뜯어보게 되더라고요. 돈 가방이 등장할 때 '저 크기면 얼마의 액수가 들어갈까'라는 식으로요. 실제로 '무게가 몇 킬로그램인데 저걸 젊은 여자가 들 수 있나 없나'를 두고 논쟁하는 댓글이 달리더라고요.(웃음)

● 김감독 그 부분은 저희가 소품팀과 철저히 테스트를 해봤습니다.(웃음) 실제 돈 무게를 측정하고 만들었어요.

○ 장PD 돈의 무게감이 물리적으로 느껴지는 장면이었어요. 숫자가

아니라 실체로서의 돈이라고 할까요, 20억이 어느 정도의 금액인지가 체감되더라고요. 정서경 작가님이 인터뷰에서 "한국에서 부자와 가난한 사람의 구도는 단순하다. 세습과 땅이 아니면 부자가 되기 어렵다"고 말씀하신 바 있는데, 12부 전체에 걸쳐서 이것을 보여준 것 같아요. 한국에서 부자가 된 사람들은 어떤 사람들인지, 역사적인 배경과 얽혀서 그 실체를 드러냈죠. 돈을 다루는 드라마를 만들면서 감독님은 어떤 생각을 하셨는지 궁금해요.

● **김감독** 우리가 요즘 누구를 만나면 코인, 주식, 부동산 등 모두 돈 얘기를 하잖아요. 여기에 대해서 도덕적인 판단을 내리고 싶지는 않아요. 돈으로부터 자유로운 사람이 어디 있겠어요. 다만, 이런 생각을 하게 됐어요. 이번에 제게 숙제로 남은 건데요. 인주가 20억을 가지고 있다가 극 중 고수임(박보경 분)에게 들켜서 맞고 돈을 뺏기는 장면이 있어요. 정서경 작가님과 저는 이게 꼭 필요한 장면이라고 생각했어요. 이제 이 20억은 곧 700억으로 치환될 텐데, 이 돈이 가지는 무게가 무엇인지, 돈을 갚기 위해서는 목숨을 걸 수밖에 없다는 것을 보여줘야 하니까요. 우리 사회가 지금 그렇잖아요, 돈을 벌기 위해서 많은 이들은 몸과 정신을 바쳐야 해요. 몸과 정신이라는 건 곧 목숨이죠. 인주는 이 고통을 경험

했음에도 불구하고 앞으로 나아가는 거거든요. 그래야 700억을 향해 갈 수 있다고 작가님도 말씀하셨고 저도 100% 동의했기 때문에, 그 신을 굉장히 잘 찍고 싶었고 잘 표현하고 싶었어요. 배우들도 호연해주셨고요. 그런 데 이 장면을 시청자들이 굉장히 불편해하셨어요. 불쾌 하다고까지 얘기하는 분들도 계셨죠.

○ **강PD** 이것은 드라마라는 장르가 가지는 특징인데, 드라마는 회차 별 스토리가 순차적으로 공개되기 때문에 제작진에게는 '시청자들이 여 기서 끊으시면 어떡하지?'라는 우려가 있어요. 많이 고민하면서 장면들 을 배치하지만, 이후에 어떻게 진행되는지 주석으로 달 수는 없잖아요. 영화가 한번 관람을 시작하면 끝까지 보는 매체라는 것과 대비되지요.

● **김감독** 그럼에도 불구하고 어찌 됐든 평가는 대중의 몫이기 때문에, 뭔가 불편했다거나 재미가 떨어졌다는 피드백은 모두 겸허하게 받아들여야 한다고 생각해요. 그러면서 제게 남은 숙제는 이런 거예요. 드라마에는 이른바 '고구마 구간'이라는 게 있어요. 이야기는 발단 과 전개를 지나 '위기'를 거쳐 결말을 향해 가죠. 90년대 의 드라마를 보면 이 '고구마 구간'이 4회 연속으로 이 어지기도 하는데, 요즘은 드라마 제작진들 사이에서 고 구마가 몇 분 이상 넘어가면 안 된다는 이야기가 나올

정도로 시청자들이 비극, 위기, 고통을 견디는 걸 힘들어해요. 사는 게 너무 팍팍하다보니까 그런 괴로움을 보기 싫은 것이고, 재미없는 것이죠. 이해는 하지만, 이야기가 진행되기 위해서는 고통과 위기가 반드시 필요한 법이거든요. 이걸 어떻게 잘 전달할 것인가, 이야기에 어떻게 녹여낼 것인가가 요즘의 화두예요. 그렇다고 아드레날린만 드릴 수는 없잖아요. 그런 작품은 또 재미가 없을 거예요. 이 밸런스를 어떻게 찾아가야 하는지는 〈작은 아씨들〉이 남긴 고민이에요.

인주가 고수임에게 폭행당하는 장면을 시청자들이 불편해했다는 게 이 작품이 남긴 숙제라고 김희원 감독은 말했다. 어떤 드라마나 영화가 관객을 불편하게 할 때, 그것이 무조건 틀렸다거나 나쁘다고 말할 수는 없을 것이다. 시청자를 통쾌하게 하는 것이 이야기의 '절대선'은 아니고, 오히려 어떤 이야기는 독자나 관객을 불편하게 함으로써 무언가를 전달하니 말이다. 그러니 작품에서 불편함을 느꼈다면, 감독뿐 아니라 시청자인 우리도 그 이유에 대해 들여다볼 가치가 있다고 생각한다. 여성 캐릭터에게 가해지는 가혹한 폭력 때문이었는지, 점점 '위기'

단계를 보기 힘들어하는 요즘 대중들의 시청 패턴 탓인지, 혹은 주인공이 시련을 겪는 배경에 충분한 설득력을 부여하지 못한 것인지 등 몇 가지 가설을 이리저리 굴리며 우리도 한번 곰곰이 생각해보자.

내 경우, 인주와 나를 동일시한 심리가 작동했음을 발견했다. 인주는 공짜로 주어진 20억 앞에서 '평범하게 부도덕한' 선택을 하고, 그 대가로 잔인하게 맞는다. 나는 거기서 저항감이 생겼다. 주운 돈을 돌려주지 않은 정도의 부도덕도 응징받아야 하는가? 그것도 저토록 가혹하게? 타인의 목숨을 가차 없이 빼앗는 '진짜 나쁜' 사람들은 멀쩡히 잘 사는데? 왜 나만, 왜 평범한 우리만, 그나마 선을 추구하는 사람들만 '완벽한 도덕성'을 요구받는가? 말하자면, 과몰입이었다. 현실의 부조리함이 투영돼 도무지 드라마 속 이야기로 거리 두기가 되지 않았다. 인주가 나 같았고, 내가 맞는 것 같았다. 내가 느낀 불편함에는 불공정한 세상에 대해 내심 품고 있던 울분이 있었다.

당신은 어떤가. 당신이 느낀 불편함은 당신의 무엇을 드러내는가. 다만, 김희원 감독의 우려처럼 요즘 시청자들이 '위기' 단계를 보기 힘들어하기 때문은 아니었으면 하는 바람이다. '결말'로 가기 위해 반드시 '위기'가 있어야 하는 드라마의 속성은 인생의 그것과 다르지 않은데, 점점 '위기'를 견디지 못하는 시대라는 것이 무엇을 말하는지를 생각하면, 좀 우울해진다.

▶▷▶

○ **장PD** 이 드라마는 이야기의 안과 밖 모두에 여성이 많은 작품이었어요. 일단 모든 주인공이 여성이었고 궁극의 악역도 원상아라는 여성 캐릭터였죠. 여성 감독과 여성 작가가 만든 작품이었고 스태프도 여성이 많았다고 들었는데, 이런 제작 현장에서 비롯된 특징이 있었을까요?

● **김감독** 요즘은 드라마 제작진의 성비 균형이 많이 좋아지긴 했지만, 그래도 〈작은 아씨들〉은 확연히 여성이 많은 현장이었어요. 정서경 작가님이 촬영장에 놀러 오신 적이 있었는데, 여자가 이렇게 많은 촬영장은 처음 봤다고 하시더라고요. 그러면서 "다들 너무 옷을 깨끗하게 입고 있다. 심지어 씻은 것 같다"고 하셨어요.(웃음)

○ **강PD** 너희들, 씻었다는 의혹이 있다!(웃음)

● **김감독** 그래서 제가 이것은 마치 인스타그램 같은 거라고 말씀드렸어요. 작가님이 오시니까 저희가 좋은 모습만 업로드한 거라고요.(웃음) 주요 스태프들이 여성이어서 좋았던 것은 작품에서 여성 캐릭터를 다루거나 여

이해는 하지만, 이야기가 진행되기
위해서는 고통과 위기가 반드시
필요한 법이거든요. 이걸 어떻게
잘 전달할 것인가, 이야기에 어떻게
녹여낼 것인가가 요즘의 화두예요.

성 배우를 촬영함에 있어서 어떤 점을 조심해야 하는지, 특별히 말하지 않아도 이미 서로 안다는 것이었어요. 그 부분은 확실히 편했죠.

이런 세팅이었기 때문에 감독으로서 더 잘했어야 한다고 생각하기도 해요. 이른바 '피씨(Political Correctness, 정치적 올바름)'하기 위해서가 아니라, 그냥 잘하는 사람들을 모았다는 걸 보여줘야 한다는 책임감이 있었거든요. 연출이 더 잘했어야 한다는 아쉬움이 스스로에게 남습니다.

○ 장PD   구체적으로 어떤 부분이 아쉬우셨나요? 화제성과 작품성 모두 호평을 받은 드라마였는데, 오늘 여러 차례 '아쉬웠다'는 표현을 하셔서 내심 놀라는 중이에요.(웃음)

● 김감독 물론 자랑스러운 점도 있어요.(웃음) 아쉬운 건 이런 거예요. 아까 제가 시청률이 1번이라는 말씀을 드렸는데, 그게 꼭 15~20%의 시청률이 나오기를 바란다는 뜻은 아니에요. 물론 나오면 좋지만(웃음), 시청률이 20%를 찍어야 성공이고 아니면 실패라고 생각하진 않아요. 진정한 실패는 시청자가 1회를 봤는데 마지막 회를 보지 않는 거라고 생각해요. 그건 뭔가가 잘못됐다는 뜻이거든요. 1회를 봤는데 4회를 보지 않았다, 4회를

봤는데 8회를 보지 않았다, 이건 어딘가에 문제가 있는 거예요. 이야기를 제대로 전달하지 않았든지, 연출적으로 시청자를 설득하지 못했든지, 엔딩 신을 잘못 찍었든지. 그런데 저희 드라마는 어떤 지점에서 시청자들의 이탈이 분명히 존재했어요. 물론 새롭게 유입된 분들도 있었지만 이탈도 있었기 때문에 저에게는 그것이 아쉬워요. 이제부터 차분히 복기해봐야죠.

○ **장PD** 이탈에 실패하고(웃음), 끝까지 <작은 아씨들>을 사랑했던 시청자들에게 혹시 하고 싶은 말이 있으시다면?

● **김감독** 〈작은 아씨들〉을 봐주신 분들께는 뭐라고 감사를 표해야 할지 모르겠어요. 저는 전우애 비슷한 감정마저 느끼거든요. 왜냐하면 이 드라마는 어려운 시도들도 많았고 그래서 리스크가 있는 작품이기도 했는데, 그분들 덕에 그 시도들이 빛날 수 있었고 보람 있는 프로젝트가 될 수 있었어요. 스토리가 복잡하기도 하고 때로는 이해가 안 될 수도 있었을 거예요. 그럼에도 마지막 회까지 봐주신 분들께는 정말 감사한 마음이에요.

○ **장PD** 어떤 시도들이었는지 구체적으로 얘기해주실 수 있을까요?

● **김감독** 12부작이라는 회차 구성, 해외 로케이션, 복잡한 서사까지 모든 것이 드라마 제작에 있어서 불리한

요소였어요. 짧은 시리즈이지만 준비할 것들이 많아서 제작비 예산은 당연히 늘었고, 어려운 스토리라인이 존재하기에 시청률에 대한 부담 역시 컸죠. 그래서 스튜디오드래곤의 대표님과 조문주CP님께 감사해요. 감독의 욕심에 압박이 아닌 응원을 더 많이 보내주셨거든요. 좋은 작품을 만들고자 하는 여러 사람의 의지가 모여 완성될 수 있었던 작품이에요. 더 잘했어야 했다는 아쉬움이 자꾸 드는 건 아마 제작진에 대한 감사함에서 비롯된 것 같습니다.

○ **장PD** 오늘 대화를 나누면서 궁금해진 건데, 왜 드라마감독이 되셨나요?

● **김감독** 저는 어릴 때부터 TV를 너무 좋아해서 하루 종일 틀어놓고 살았어요. 부모님이 싸우셔서 집안 분위기가 안 좋을 때도, 아주 재미있는 TV 프로그램을 보면서 일시적으로 화목한 가족이 된 것 같은 기분이 들 때가 있잖아요. 그런 기억들 때문에 저는 텔레비전을 하고 싶었어요. 제가 어렸을 때 봤던 좋은 드라마는 밤에 잠을 못 이루게 하고, 방송을 기다리는 나머지 5일을 행복하게 했어요. 소설이나 만화책을 읽을 때, 진짜 재미있

는 순간에 잠깐 읽기를 멈추게 되는 느낌 아시죠? 빨리 끝나는 게 싫어서 잠깐 책을 덮잖아요. 저는 좋은 드라마가 그렇다고 생각해요. 아껴 보고 싶은, 시간이 가는 게 아까운, 그런 작품을 만들 수 있으면 너무 좋겠어요. 사는 동안 이루고 싶은 저의 목표입니다.

그리고 드라마가 저희 부모님이 보는 매체라는 것도 큰 이유였어요. 부모님이 연로하셔서 영화는 보기가 어려워지셨어요. TV는 여전히 접근성이 좋죠. 나의 부모님, 우리 배우와 스태프들의 부모님도 볼 수 있는 게 드라마예요. 좋은 드라마의 일원이 되면 그 가족들도 다 뿌듯해하시잖아요. 그런 작품을 만들고 싶어요.

인터뷰를 글로 정리해 책에 담기까지 김희원 감독과 몇 차례 연락을 주고받아야 했다. 워낙 바쁘고 유명한 '스타 감독'이라서였을까, 메시지를 남기고 답을 받기까지 묘하게 위축되는 마음이 있었다. 강인 PD에게 "희원 감독님께 답이 없어. 많이 바쁘신가봐. 마음을 비워야 할 것 같아"라고 했더니 강PD가 자신 있게 말했다. "답 올 거야. 늦더라도 꼭 올 거야. 그게 그분의 멋진 면 중 하나야"라고. 그리고 실제로, 얼마 지나지 않아 연락이 왔다.

대면 인터뷰에서 채 다 묻지 못한 질문의 답을 추후에 서면으로 주고받을 때, 김희원 감독은 자신이 말했던 그대로 소통했다. 정확하고 경제적인 언어로, 의아함을 남기지 않고 상냥하게. 정서경 작가님처럼 나도 기회가 될 때마다 기다렸다는 듯이 증언한다. 김희원 감독이 보인 태도와 그것이 내게 준 배움에 대해. 콩깍지가 잔뜩 씌어서인지 '시청률이 가장 중요하다'는 어찌 보면 곡해될 여지가 있는 그의 말도 멋지게만 들린다. 이토록 현실에 기반한 냉철함이라니, 멋 부리지 않는 담백한 성품이라니, 하고.

말하는 여자들

▷ 장수연PD

역사 프로그램을 연출한 적이 있다. 매주 시의성 있는 주제를 정하고 그 분야의 전문가를 초대해 진행자가 질문을 던지는 프로였다. 주로 한 분야를 오래 연구한 학자 가운데 말주변이 좋은 분을 수소문해 섭외하곤 했다.

어느 날 연출석에서 스튜디오 안을 바라보는데, 그날따라 앉아 있는 사람들의 성별이 눈에 들어왔다. 진행자는 남자였고 매주 바뀌는 게스트도 그날은 남자였다. PD인 나와 작가, 그리고 진행자의 매니저는 여자. 그러니까 마이크 앞에 두 명의 남자가 앉아 말을 하고, 세 명의 여자가 그들을 서포트하는 셈이었다. 그날따라 그 사실이, 몹시 신경 쓰였다. PD, 작가, 매니저 모두 일정 수준의 전문 지식과 훈련이 필요한 직업이지만 어쨌거나 방송을 통해서는 중년 남성 두 명의 목소리만 나갈 터였다. 이후 섭외되는 게스트의 성별을 유심히 살펴보게 되었다. 열 명의 남자 교수가 출연할 때 겨우 한두 명의 여자 교수가 나올까 말까. 왜일까, 생각하지 않을 수 없었다.

아마도 교수 임용을 확신할 수 없는 시기를 버티며 끈질기게 연구하고 논문을 써야 이룰 수 있는 성취는, 특히나 50대 이상의 세대에서는 남성의 몫이었을 것이다. 추측건대 그들을 서포트한 여성이 있었을 터, 그 여성들도 같은 지원을 받았다면 못지않은 성취를 이룰 수 있지 않았을까. 러시아사를 전공한 어떤 교수는 야구에도 해박한 지식을 가지고 있었다. 이 프로그램에 두 번이나 출연해 한 번은 러시아의 역사를, 한 번은 야구의 역사를 이야기했는데 어찌나 지적이고 재치 있는지 제작진도 청취자도 푹 빠져서 들었다. 그는 야구에 대해 논문도 썼다고 했다. 본업뿐 아니라 취미를 가지고도 논문을 쓰려면, 지적인 능력과 호기심은 물론이고 이를 펼쳐낼 환경도 뒷받침돼야 했을 것이다. 그의 말에는 오래 공부한 사람 특유의 내공과 깊이가 있었고, 다중 앞에 화자로 서본 경험에서만 나올 수 있는 여유도 있었다. 이는 단기간에 갖출 수 있는 능력이 아니다. 여성 연구자 중에 이런 사람은 없는지 간절히 찾았다.

프로그램을 만드는 게 여러 명이라도 청취자가 듣는 건 남성들만의 대화일 수 있다는 게 인식된 이후, 종종 이 기준으로 상황을 살펴보곤 한다. 말하는 사람은 누구이고 돕는 사람은 누구인가. 묻는 자는 누구이고 답하는 자는 누구인가. 결정하는 자는 누구이고 이행하는 자는 누구인가. 긴 도움닫기 끝에 비상할 수 있는 직업을 누가 가졌는가. 저 폭넓은 지식과 빛나는 성취 뒤에, 밥은 누가 짓고 애는 누가 키웠을까.

이 책의 바탕이 된 팟캐스트 <보면 뭐하니>에는 총 43명의 PD와 작가가 출연했고, 이 가운데 여성은 24명이었다. 책에 등장하는 열 팀의 인터뷰이 중 절반인 다섯 팀이 여성 연출자이다. 역사 프로그램을 연출했을 때처럼 부러 애써서 여성 인터뷰이를 찾은 건 아니었다. 그때그때 주목할 만한 콘텐츠를 만든 사람을 수소문해 연락해보면 여성 연출자나 작가인 경우가 많았다. 무엇보다, 인터뷰어로 참여한 나와 허항PD, 강인PD가 모두 기혼 여성이다. 우리는 종종 낮에 시간이 안 나서 밤늦게 녹음을 했다. 각자 아이 혹은 강아지를 남편에게 맡기고 회사에 와서 본업이 아닌 일을 하며 즐거워했다. 마이크 앞에, 40대 기혼 여성들이 앉아서 말하고, 묻고, 논했다. 꽤 자주, 맞은편에 앉아 답하는 이도 여성이었고 가끔은 나처럼 아이를 맡기고 밤 외출을 나온 엄마도 있었다.

나는 이 사실에서 감동과 희열을 느낀다. 말하는 여성, 결정하는 여성, 긴 도움닫기 끝에 빛나는 성취를 거머쥔 여성을 만나 그가 걸어온 길에 대해 들을 때, '해볼 만하다'는 마음이 충만히 차올랐다. 뭔진 몰라도, 뭐가 됐든 한번 해볼 만할 것 같았다. 개인적으로는 그 밤들에 느꼈던 즐거움만으로도 충분하지만, 사적인 기쁨으로 만족하는 건 미안한 일이라는 생각이 들었다. 이들의 이야기는 더 널리 공유돼야 마땅했다.

<옷소매 붉은 끝동>의 정지인 감독이 연출한 주인공의 애정 신. 최정남PD, 김나연PD가 연출한 <스트릿 우먼 파이터>와 <스트릿 댄스 걸스 파이터>가 조명한 여성 댄서들의 삶. 김솔PD, 박현정PD가 <용감한 솔로 육아-내가 키운다>에서 보여준 '솔로 육아' 중인 연예인들. 그리고 김희원 감독과 정서경 작가가 멋진 여성 배우들과 함께 구축해낸 <작은 아씨들>의 경이로운 세계. 이것들을 문장으로 매만지며 몇 번이나 생각했다. 이 프로젝트를 시작하길 참 잘했다고.

딸들과 함께 있어주지 못한 많은 밤에 내가 한 일들로 인해, 그녀들이 '해볼 만하다'는 마음을 가질 것 같다. 그래서 미안하지 않고 기쁘다.

모든 프로그램의 처음 모습은
종이에 누운 활자이다.

이 프로그램들의 처음 모습 역시,
누군가가 쓴 한 장의 기획안이었다.

● Epilogue

그냥 하고 있는 사람들

▷ 허항PD

예능 프로그램을 편히 못 본다. 대중들 사이에서 소위 '난리 난' 프로그램이라 해도 선뜻 틀게 되지 않는다. 순수한 시청이 아닌 모니터 차원에서 보게 되기 때문이다. 저런 아이템은 어떻게 선정했을까, 저 연예인은 어떻게 캐스팅한 걸까, 저 PD는 어떻게 내가 갖지 못한 재능을 가졌을까…. 결국은 이렇게 질투로 연결되는 감정 흐름의 패턴이 달갑지 않기도 했다.

그럼에도 콘텐츠를 만드는 사람들을 만나는 팟캐스트를 해보자는 장수연PD의 제안을 흔쾌히 수락했다. 아마도 내 질투심을 자아내는 그들의 실체(?)를 알고 싶은 마음이 컸던 모양이다. 팟캐스트 진행자라는 포지션을 빙자해, 그들의 필살기 같은 것을 캐내고 싶다는 생각도 몰래 품고 있었다. 그렇게 시작한 <보면 뭐하니>에는 말 그대로 '반짝반짝 빛나는' 많은 창작자들이 다녀갔다. 대한민국을 들었다 놓은 <스트릿우먼 파이터>의 최정남PD, 김나연PD, 유튜브 예능의 전성기를 연 일등

공신 중 한 명인 <공부왕 찐천재 홍진경> 이석로PD, '다비이모'의 제작자이자 <전국노래자랑>의 MC인 코미디언 김신영, 신박한 무대로 늘 페스티벌 무대를 사로잡는 밴드 '소란'의 고영배…. 당장 떠오르는 이름들만 적어봐도 아직까지 마음이 두근거릴 만큼 빛나는 에너지를 가진 사람들이었다.

결론부터 이야기하자면, 나는 앞서 목표했던 그 '필살기'를 얻는 데에는 실패했다. 이야기를 나누면 나눌수록, 그들에게 필살기가 따로 없었다는 것을 알게 되었기 때문이다. "그냥 했어요." 아마 팟캐스트를 진행하며 가장 많이 들었던 문장이 아닌가 싶다. 다들 그냥 했다고들 했다. 꿈쩍할 것 같지 않던 연예인을 설득하기 위해 그냥 대기실을 찾아갔다고 한다. 춤 프로그램을 만들고 싶어 스트릿 댄서들을 무작정 만나러 다녔다고 한다. 시청률이 안 나오거나 섭외 거절을 당하거나 기획이 엎어진 후에도 그냥! 다시 새롭게 시작했다고 한다.

교과서 위주로 공부했을 뿐이라는 수능 만점자의 정답 같은 대답을 들려줬다면 차라리 명쾌했을지도 모르겠다. 그랬다면 녹음도 한 시간 이내에 깔끔하게 끝났을 것이다. 하지만 자꾸 어떤 '비법'을 파내려는 진행자들(특히 나)의 질문과, '그냥 했는데요' 노선을 고수하는 출연자의 밀당으로 인터뷰는 늘 두세 시간을 훌쩍 넘기곤 했다.

팟캐스트를 시작한 지 벌써 2년이 훌쩍 넘었다. 그 사이 나에게도 크고 작은 성공과 시련, 좌절과 극복의 사건들이 있었다. 그 경험들을 생각하면 문득, "그냥 했어요"라는 문장이 여러 사람의 목소리로 들려오는 듯하다.

뭔가를 만든다는 건 사실 얼마나 두려운 작업인가. 특히 그 작업물로 매주 대중의 평가를 받는 제작진들은 늘 수험생 모드이고, 혹여 초라한 성적표를 받는 날은 온 세상이 나를 외면하는 듯한 외로움과 마주해야 한다. 내가 이 직업을 선택한 것이 옳았던가, 더 나아가 내가 이제껏 인생을 제대로 살아온 것이 맞는가, 답 없는 물음에 부딪치는 밤이 거듭되기도 한다. (내 이야기다.) 이런 세계에 살고 있는 내게 "그냥 한다"라는 말은 큰 울림으로 다가왔다. 잘될지 안될지 모르지만 일단 시작해본 사람. 수많은 거절을 겪고도 오늘 또 대기실 문을 두드려본 사람. 큰 기대를 안고 론칭한 콘텐츠가 사랑받지 못했지만 "대중 여러분, 그럼 이건 어때요?"라고, 다시 뻔뻔하게 다음 콘텐츠를 내놓았던 사람. 그런 사람들을 만났다. 묵묵히 그냥 해온, 정말 용감한 사람들.

용감한 사람들은 참 건강한 에너지를 갖고 있는 것 같다. 그래서인지 팟캐스트 녹음을 끝내고 나면 항상 자정을 넘긴 늦은 밤이었지만 가득 충전된 핸드폰처럼 가뿐하고 기분이 좋았던 기억이 난다. 장수연PD와 그 여운을 재잘재잘 나누다가 어느덧 집 앞에 도착해 "다음에 또 얘기하자!"고 헤어지던 밤의 공기가 아직 생생하다.

다음에 꼭 다시 얘기하고 싶다.
그냥 했고, 그냥 하고 있는 사람들과.

그만두면 뭐 하니

▷ 강인PD

2021년의 어느 날 장수연PD가 '콘텐츠 제작자들을 만나서 이야기 나누는 팟캐스트를 하고 있는데 종종 함께하겠느냐'고 물어왔을 때, 나의 부족함을 걱정하면서도 선뜻 그러겠다고 한 것은 사실 사사로운 목표가 있어서였다.

찍으러 나간다는 것, 나아가 그 촬영본으로 무엇이든 만들어 내야 한다는 것, 그리고 그 결과물을 (원하는) 누구나 볼 수 있게 된다는 것은, 때로 공포스럽다. 어느 천재 감독은 영화의 마지막 컷에 오케이 사인을 내고 나서 곧바로 "아, (다음) 영화 찍고 싶다"라고 해서 주변의 스태프들을 경악하게 만들었다지만, 나 같은 평범한 연출자에게 그 경지는 너무나 먼, 그저 전설 같은 이야기일 뿐이다. 오래도록 준비해온 작품을 촬영하러 나가기까지, 연출자는 많이 기다린다. 그 과정에는 마침내 배우의 승낙을 받았을 때의 희열도 있고, 원하는 스태프들을 기다리는 애타는 순간도 있고, 대본을 읽으며 느끼는 설렘도, 이제 현장에 나가기만 하면 끝장나게 엄청난 것을 찍고야 말겠다는 각오도 있다. 그러나 그 모든 과정을 거쳐 첫 촬영을 나가는 날이 오면, 대체로 기쁨보다 긴장이 나를 집어삼킨다. 한 선배는 그 감정을 "죽지는 않을 정도로만 다치게 사고가 났으면 했다"고 표현했는데, 어느덧 나도 그것이 어떤 마음인지 격하게 공감하는 연출자가 되었다. 그렇게 힘들고 괴로운, '죽지 않을 정도로 다쳐서'까지 피하고 싶은 일을 그럼 왜 못 그만두느냐고? 그러니까 말이다.

팟캐스트 <보면 뭐하니>를 통해 여러 연출가, 작가, 기획자들을 만나면서 나는 이 질문의 답을 찾고 싶었다. 많은 시청자들이 좋아하는 작품, 소위 대박 드라마를 만들고 나면 좀 덜 힘들고 덜 무서울까? 여러 지인들이 증언한 바, 작품이 대박 나도 괴로운 건 마찬가지라던데 그럼 다들 왜 이 일을 못 끊고 여전히 이러고 있나? 현장에서의 외로운 고민을 다른 사람들은 어떻게 해결하고 있는지 엿보고 캐묻고 싶었다.

<며느라기>의 원작자 수신지 작가님과 이광영 감독님으로 시작해 <D.P.>의 원작자이자 드라마 극본도 쓴 김보통 작가님, <나빌레라>의 한동화 감독님, <옷소매 붉은 끝동>의 정지인 감독님, <그해 우리는>의 김윤진 감독님, 드라마 <그해 우리는>, <알고 있지만>의 기획자 한혜원PD, 마지막으로 <작은 아씨들>의 김희원 감독님까지 만났

다. 창작자들이 풀어놓은 자기 작품에 대한 진솔한 회고는 진한 웃음과 감동을 남겼고, 작품 이상으로 그분들의 말이 며칠씩 생각나곤 했다.

사실 친한 동료나 선후배 사이일수록 서로의 작품에 대해 "잘 봤다", "잘 나왔더라" 이상의 대화를 나눌 기회가 없기도 하다. 장수연 PD가 아니었으면 용기내지 못했을 만남을 거듭하면서, 팟캐스트 녹음을 구실 삼아 쑥스러움을 밀어두고 그간 궁금했던 걸 묻고 가려운 곳을 긁는 재미가 쏠쏠했다. 작품을 한껏 밀어올려 모두의 눈에 띄는 곳에 올려두기까지, 가장 낮은 곳으로 침잠해간 시간이 있었다고들 했다. 나는 그들의 고백을 들으며 나의 불안과 집착이 나만의 것이 아님을 여러 번 확인할 수 있었다.

장수연PD는 이 인터뷰 프로젝트를 시작하면서 "본인이 즐거우려고 한다"고 말했다. 그가 섭외하고 감탄했던 창작자들만큼이나 장수연PD는 멋지고 뚝심 있다. 스스로를 추동하기 위하여 아무도 시키지 않은 일을 기획하고 제작하고 기록했다. 그 기록이 책으로 나오다니, 정말로 멋진 결말이다. 지금의 마침표가 또 어떤 새로운 프로젝트로 연결될지도 궁금하다.

우리는 다들 외롭고, 힘들고, 막막하다. 망망대해의 섬처럼 각자의 몫을 견디며 어떤 이야기를 하고 싶어하고, 열심히 만든다. 출구가 보이지 않는 순간에도 그저 묵묵히 계속해나가는 것만이 이 막막함에 마침표를 찍어준다는 것을, 우리 모두 이미 알고 있다. 그러니 뾰족한 답이 없대도, 이제 와서 그만두면 뭐 할 것인가. 고민이 있다면 있는 대로 다음을 향해 묵묵히 가보는 거다. 각자의 섬에서 올린 깃발이 어느 날 또 힘차게 나부끼기를 기다리면서.

기획하는　　　일
만드는　　　　일

2023년 7월 20일 초판1쇄 발행
2024년 6월 10일 초판5쇄 발행

지은이	장수연
펴낸이	김보희
펴낸곳	터틀넥프레스
등록	제2023-000022호(2023년 2월 9일)
주소	서울시 영등포구 도영로2-5 101-204

홈페이지	turtleneckpress.com
전자우편	hello@turtleneckpress.com
인스타그램	instagram.com/turtleneck_press

디자인	스튜디오 고민
제작	제이오
물류	우진물류